ことりっぷ co-Trip 海外版

ハワイ
オアフ島・マウイ島・ハワイ島

電子書籍 が
無料ダウンロード
できます♪

電子書籍のいいところ
購入した「ことりっぷ」が
いつでも
スマホやタブレットで
持ち運べますよ♪

島 へ

まずは
ことりっぷアプリを
ダウンロード

? す。

ら、

詳しくは裏面で

いってきます。

ハワイに行ったら…

さて、なにをしましょうか？

旬なホノルルやオアフ島の大自然を
楽しんだあとはネイバーアイランドまで
足を延ばすのもおすすめですよ。

つねに変化し続けるワイキ
キや自然あふれるローカル
エリア、ホテルが建ち並ぶ
リゾートタウンなど、いろい
ろな表情をもつオアフ島は

何度訪れても飽きません。
飛行機ですぐの隣島を訪れ
れば、ハワイの原風景にも
出会えます。今度はどんな
旅にしましょうか？

シェアバイクで行きたいところへ。寄
り道も気の向くままに♪ ➡ **P.24**

check list

- ☐ シェアバイクを使って遠出する ➡ **P.24**
- ☐ プチエクササイズで快適な一日を ➡ **P.26**
- ☐ 旬の街、カカアコを散策 ➡ **P.28**
- ☐ 心ときめくホテルに泊まる ➡ **P.64**
- ☐ GREENの世界で癒やされる ➡ **P.70**
- ☐ ピルボックス＆神秘の洞窟へ ➡ **P.74**
- ☐ ザ・バスに乗ってみる ➡ **P.80**
- ☐ ネイバーアイランドへ旅する ➡ **P.96**

ウォールアートをめぐるのも新鮮。
ダイナミックな構図に釘付け ➡ **P.28**

パワースポットでもある
クアロア・ランチで乗馬に
トライしましょう ➡ **P.70**

マウイ島からモロキニ島へクルーズ。
きれいな海に感動します ➡ **P.99**

デザイナーズホテルにステイすれば、
テンションもさらにアップ ➡ **P.64**

青とピンクが紡ぐ楽園の海の絶景を
仰いでみませんか？ ➡ **P.74**

ハワイに行ったら…

なにを食べましょうか?

**世界の料理やローカルグルメ、スイーツ……と
おいしいものが多く、店選びに迷うほど。
雰囲気や眺望で選ぶのもおすすめですよ。**

人気のパンケーキやアサイ
ボウルは訪れるたびに進化
を遂げ、続々と新しい味やル
ックスもキュートなメニュー
が登場。一方で老舗やロー
カルの名物メニューも外せ
ないですよね。1日3食では
足りないのがハワイ。事前
に食べたいものをリストア
ップしておきましょう。

一流ホテルのパンケーキは食材もし
ぴも最高級◎ ➡P.48

サーファーが愛す
るスイーツをチェ
ック ➡P.103

check list

- [ ] 星付きホテルのパンケーキ ➡P.48
- [ ] カラフル&キュートな一皿 ➡P.50
- [ ] 老舗の素朴なおやつを ➡P.52
- [ ] KCCファーマーズ・マーケット ➡P.54
- [ ] コナ・コーヒーでひと息 ➡P.56
- [ ] ワイキキのニューフェイス ➡P.60
- [ ] サーファーグルメに挑戦 ➡P.102
- [ ] ハワイ島のレストラン ➡P.108

味はもちろん、ルックスも魅力大。食
べる前に撮影タイム♪ ➡P.61

花が香るスキンケアは
心が癒やされますね ➡P.47

マウイではローカルメイド
のおみやげを ➡P.100

南国アイテムは現地調達がいちばん。
いろんな店をめぐりましょ ➡P.34

なにを買いましょうか?

**すてきなものであふれているハワイでは、
ついついお財布の紐が緩みます。
南国らしいアイテムを探しに行きましょう。**

ハワイに着いたらまず、リ
ゾート服を調達。着ごこち
のいい服に身を包んだら、
街めぐりへでかけましょ
う。ふらっと気になる店に
入れば、かわいい雑貨やお
みやげに出会えるはず。時
間のない人は定番のスーパ
ーやアラモアナセンターを
おさえておきましょう。

check list

- [ ] ハワイらしい小物を入手 ➡P.32
- [ ] 着ごこちのいい服に着替える ➡P.34
- [ ] ホールフーズ・マーケット ➡P.36
- [ ] アラモアナセンター ➡P.38
- [ ] 心が伝わるおみやげを ➡P.42
- [ ] ハワイの香りを持ち帰る ➡P.46
- [ ] ハワイで買いたいエコバッグ ➡P.94
- [ ] メイド・イン・マウイを探す ➡P.100

まずはハワイの概要について知りましょう………8
ハワイ諸島全体はこんな感じです………10
定番もトレンドもおさえるホノルル3泊5日旅プラン………12

ことりっぷ co-Trip 海外版

ハワイ
オアフ島・マウイ島・ハワイ島

Contents

いま気になるホノルルの過ごし方………17
ホノルルの街はこんな感じです………18
●船で沖までクルージング ホノルルを海から眺めましょ………20
●ワイキキの癒やしスポットをご案内します………22
●シェアバイクでちょっぴり遠出………24
●朝のプチエクササイズで快適な一日のスタートを………26
●旬の街、カカアコをキーワードでめぐりましょう………28
●王様の暮らしていた宮殿を見に行きませんか?………30
●ロコアーティストがつくるハワイらしい小物たち………32
●ハワイに着いたら着ごこちのいい服に着替えましょう………34
●ホールフーズ・マーケットは女子の"好き"が詰まってます………36
●アラモアナセンターは狙いを定めて回りましょう………38
●贈られる人に心が伝わるハワイメイドのおみやげを………42
●自分へのハワイギフトは手作りアイテムがおすすめです………44
●ハワイの香りを日本に持ち帰りませんか?………46
●味重視なら、星付きホテルのパンケーキがおすすめです………48
●思わず写真におさめたくなるカラフル&キュートな一皿………50
●何度だって食べたくなる老舗の素朴なおやつたち………52
●KCCファーマーズ・マーケットは早起きして行きましょう………54
●本格コナ・コーヒーとスイーツでひと息つきませんか?………56
●特別な日のレストランは気分があがる空間で………58
●味も雰囲気も優秀なニューフェイスが増えてます………60
●おしゃべりが思わず弾むカジュアルBarはこちらです………62
●ワイキキにステイするならデザイナーズホテルがおすすめです………64

ハワイらしさあふれる
オアフ島のローカルタウン………67
おもなローカルタウンはこちらです………68
●GREENの世界で癒やされましょう………70
●ローカルビーチや絶景SPOTで最高の一枚を撮りませんか?………72
●オアフ島の西で見つけたピルボックス&神秘の洞窟………74
●イルカもクジラもウミガメも 会ったらもっと好きになります………76
●カフク・ファームで採れたて食材をいただきます………78
●The Busに揺られて気軽に人気スポットへ………80
●カイルアへ足を延ばすならビーチ&旬の店をめぐりましょう………84

●アクティビティ
●見どころ&街歩き
●ショッピング
●グルメ
●ホテル

● ノースの町、ハレイワはサーフカルチャーがクールです………86
● 話題のエリア、コオリナ＆カポレイ………88
● ローカルタウンでおいしいもの見つけました………92

オアフ島からネイバーアイランドへ………95
ネイバーアイランドはこんな感じです………96
● マウイ島らしい風景に出会えるハレアカラとモロキニ島へ………98
● メイド・イン・マウイを探しに行きませんか？………100
● 海帰りのサーファーが愛するおいしいグルメを見つけました………102
● マウイのトレンドはココから ヒップな街、パイアへ………104
● ハワイ島ならではのすてきな体験しませんか？………106
● 懐かしさと新しさが交差する 心に響く街、ヒロヘ………110
● 映画の主人公気分でホノカアをHolo Holo………112
● ガーデンアイランド、カウアイ島で大自然にふれましょう………114
● リゾート感あふれる隣島のホテルにSTAY………118

ハワイ好きが提案するサステナブルな旅の方法………16
DFSワイキキがリニューアルオープン………66
ハワイで手に入れたい！ エコバッグ………94

トラベルインフォメーション………120
ハワイの出入国………120　　空港からワイキキへ………122
ハワイ基本情報………123　　ハワイステイのアドバイス………124
オアフ島の交通………125

インデックス………132

Hawaii

Oahu, Maui & Hawaii

まずはハワイの概要について知りましょう

日本から約6200km、大小さまざまな島が集まり、島ごとに個性的な表情を見せるハワイ。
日系人が多く日本語が通じやすいとはいえ、ここは文化も習慣も異なるアメリカ。
出発前に最低限の基本情報を知っておきましょう。

ＨＡＷＡＩＩ キホン情報Q＆A

Q ハワイっていくつ島があるの？

A 8つの大きな島と100を超す小さな島々で構成されています。人が住んでいるのは北からカウアイ島、ニイハウ島、オアフ島、モロカイ島、ラナイ島、マウイ島、ハワイ島の7つ。ただし、ニイハウ島は個人所有のため観光客が許可なく入ることはできません。

Q 日本との時差はどのくらい？

A ハワイと日本の時差は19時間。日本がほぼ1日先行しています。計算するときは日本時間にプラス5時間し、日本の前日と考えましょう。アメリカ本土とは異なりサマータイムは導入されていません。

日本が
3日15時のとき

ハワイは
2日20時

Q ハワイの気候を教えて？

A ハワイは熱帯・亜熱帯に属し、乾季（4～9月）と雨季（10～翌3月）があります。雨季といっても降水量はさほど多くないので、年間を通して湿気が少なく過ごしやすいのが特徴です。服装は1年中日本の夏服でOKですが、室内やバスの車内は冷房が強いこともあり、薄手の上着があると便利です。

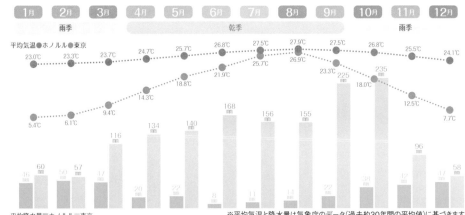

※平均気温と降水量は気象庁のデータ（過去約30年間の平均値）に基づきます

通貨とレートについて教えて？

$1＝約153円 (2024年4月現在)

通貨はUS $（ドル）と¢（セント）で、$1＝100¢。2024年4月現在、10000円＝約$65になります。紙幣は$100、$50、$20、$10、$5、$1、硬貨は25¢、10¢、5¢、1¢が流通。$1紙幣はチップによく使うので用意しておきましょう。また硬貨は25¢をクォーター、10¢をダイム、5¢をニッケル、1¢をペニーと呼ぶことが多く、覚えておくと便利です。

両替は街なかのマネーエクスチェンジで

オアフ島では空港や銀行、ホテル、民間の両替所で日本円からドルへの現金両替をすることになります。ただ空港やホテルは手数料が高く、レートもよくありません。空港では今すぐ必要な分のみ両替するようにしましょう。一方、街なかの民間両替所は各々が競争することもあってレートが低めで、なかには手数料なしという両替所も。また街の随所に設置されているATMでクレジットカードのキャッシング枠を利用してドルを引き出す手もあります。

 ビザは必要なの？

90日以内の観光や商用目的であればアメリカのビザ免除プログラムが利用でき、その条件としてESTA（電子渡航認証）の登録が必要になります。事前に登録を済ませておきましょう。●P.121

チップの目安はどのくらい？

アメリカではサービスを受けたらチップを渡すのが当然の習慣。ホテルのベルボーイなどはひと手間（荷物1個）につき$1～2。レストランやタクシー、スパなどは、料金の15～20%が目安です。

チップの目安

＜タクシー＞ 料金の15～20%
＜ホテル＞ 荷物を運んでもらったら、1個につき$1～2
毛布を持ってきてもらうなど頼みごと1つにつき$1～2
ベッドメイキングは1台1台$1～5（ホテルランクによる）
＜レストラン＆バー＞ 飲食代金の15～20%（セルフサービスやサービス料が加算されている場合は不要）
＜スパ＆ネイルサロン＞ 料金の15～20%

お酒とタバコのルールは？

ハワイでは交通機関、レストランやバー、ホテルのロビーなど建物内および入口付近、屋外でもビーチや公園、バス停といった公共の場所での喫煙は禁止です。ホテルの喫煙可能な客室数も制限されているため、希望の際は早めに予約を。飲酒は21歳からで、バーやクラブなどでは年齢確認ID（パスポートなどの身分証明）の提示を求められることもあります。コピーを持っているといいですね。なお、ビーチでの飲酒も禁止です。

現地のフリーペーパーは要チェック

ホノルルの街なかには日本語のフリーペーパーがたくさん置かれています。オプショナルツアーの情報やレストラン情報などが満載で、割引クーポンが付いていることも多いので、ぜひチェックしてみましょう。

隣島へ行くなら日程に余裕をもって

ハワイ島やマウイ島、カウアイ島は日帰りツアーもありますが、じっくり島をめぐるなら最低1泊はしたいところ。特にハワイ島は面積が広く、各観光名所が離れているため、数泊するのがベスト。隣島へ行くならオアフ島と合わせて6泊8日くらいあるとよいですね。

その他の基本情報は●P.123をチェック

ハワイ諸島全体はこんな感じです
いろんな島へ行ってみませんか？

州都があるオアフ島と「ネイバーアイランド」と呼ばれる
その他の島で構成されたハワイ諸島は、それぞれ違った魅力にあふれています。
オアフ島を起点に、いろんな島を旅するのも楽しいですよ。

カウラカヒ海峡

ニイハウ島
Niihau

プリンスヴィル
ナ・パリ・コースト
ワイメア渓谷
ワイメア
リフエ

カウアイ島
Kauai

カウアイ海峡

オアフ島
Oahu

ハレイワ
カイルア
コオリナ
ホノルル

オアフ島

ワイキキがある
オアフ島のメインエリア。
観光はまずここから

ホノルル
Honolulu

ホノルルを海から眺める ➡P.20
シェアバイクで遠出 ➡P.24
着ごこちのいい服 ➡P.34
ハワイの香りを持ち帰り ➡P.46

隠れ家ビーチ
でのんびり〜

オアフ島

ホノルル以外の
魅力的なエリアへ
足を延ばしましょう

オアフ島のローカルタウン
Local towns in Oahu

GREENの世界で癒やされる ➡P.70
ローカルビーチ＆絶景SPOT ➡P.72
ハレイワのサーフカルチャー ➡P.86
コオリナ＆カポレイ ➡P.88

マウイ島　カウアイ島　ハワイ島

個性あふれる3つの島で壮大な景色や
ユニークな植物に出会いましょう

ネイバーアイランド
Neighbour Islands

ハレアカラ＆モロキニ島 ➡P.98
ハワイ島ならではの
すてきな体験 ➡P.106
ナ・パリ・コースト＆ワイメア渓谷 ➡P.114

オアフ島以外の島は
「ネイバーアイランド」や
「隣島」と呼ばれています

モロカイ島
Molokai

ラナイ島
Lanai

カバルア
ラハイナ　バイア
カフルイ
ワイレア　・ハナ
ハレアカラ

マウイ島
Maui

カホオラウェ島
Kahoolawe

アレヌイハハ海峡

ハヴィ・
・ホノカア
ワイメア・
ワイコロア・　・アウナケア
・カイルア・コナ　・ヒロ
マウナロア　キラウエア

ハワイ島
Hawaii

太平洋

日本からのアクセス

● **オアフ島**

日本からハワイへの直行便は
ほとんどがオアフ島に到着。
成田国際空港、東京国際空港、
中部国際空港、関西国際空港、
福岡空港から日本航空、ANA、
ハワイアン航空、デルタ航空、
ZIPAIR Tokyo、大韓航空が
運航しています。

● ネイバーアイランド
➡P.97

旅のしおり

ハワイの定番もトレンドもおさえる
ホノルル3泊5日旅プラン

シェアバイクで街をめぐったり、バスに乗ってでかけたり…と
ロコのように過ごして、今のハワイを肌で感じてみましょう。
もちろん、定番のパンケーキやアラモアナセンターでのショッピングも忘れずに。

1日め

朝、ハワイに到着！リゾート
服に着替えてワイキキ散策

9:00 ホノルルの空港到着

10:30 エアポートシャトルで
ワイキキのホテル着

11:30 ハワイらしい服を
現地調達♪

13:30 ランチは
フォトジェニックなロコモコを

15:00 ホテルにチェックイン

16:00 ワイキキのメイン通りで
ウィンドウショッピング

18:00 ロコ折り紙付きの店で
ハワイならではのメニューを堪能

20:30 ABCストアに寄って、
いろいろ調達
明日のために早めに休んで♪

今日のごほうび
数々のコンテストで
優勝した
レッドフィッシュ・
ワイキキのポケボウル

空港からのエアポートシャト
ルでワイキキへ。往復チケッ
トを買っておくと便利です

チェックインは15時から。ホテ
ルに立ち寄って荷物を預けた
ら、さっそく街へ。マヒナ➡P.34でショッピング♪

ローカル料理を昇華させた
ロコモコのハイエンド版

ハワイ到着後の食事
はロコモコでエネルギ
ーチャージを

カラカウア通り➡P.22にはたくさんの
ショップやレストランがそろっているの
で、散策にもぴったりです

ハレプナ・ワイキキ・バイ・ハレクラニ
1階にあるウミ・バイ・ヴィクラムガーグ
➡P.60でおしゃれランチ

好みのポケを選べるラ
イジングサン$25

バル風のレッドフィッシュ・ワイ
キキ➡P.61でハワイ産の新鮮
なポケといっしょに多彩なカク
テルも楽しんで

ABCストア MAP 付録P.13 B-2
はワイキキの各所にあります。
ビーチサンダルや日焼け止め
など、必需品を購入しておきま
しょう

12

2日め

旬なエリアへ足を延ばして、
ハワイの今を体感しましょ

6:30 モーニングヨガにトライ

8:00 有名ホテルのパンケーキで
さわやかな朝食タイム

10:30 シェアバイクに乗って
人気のモンサラット通りへ
かわいいおみやげも探しましょう

12:00 スローなカフェで
地産地消のおいしいランチを

13:30 ワイキキのホテルに
戻って休憩タイム

14:00 旬の街、カカアコへ
ウォールアートをバックに
撮影タイム

15:00 複合施設「ソルト」や
ホールフーズ・マーケットを
ぶらりぶらり

18:00 憧れのワイキキクルーズへ
金曜の夜なら花火も楽しめます

21:00 ホテルへ戻って、
ほっとひと息。いい夢見られそう♡

今日のごほうび
写真に撮りたくなる
チャーミングなピンク色の
パンケーキ $27

透き通った空気感が気持ち
いい朝のビーチでヨガ・クラ
ス⇒P.27に参加。快適な一
日の始まりにぴったり

ロイヤル ハワイアン ラグジュアリー
コレクション リゾートのカフェで名物
のピンクパレス・パンケーキ⇒P.49を

レンタル自転車で
サイクリング♪

アロハ・カフェ・
パイナップル・
ハワイ⇒P.25で
ランチ。地元食
材のフードやフ
レッシュジュー
スが美味

シェアバイク⇒P.24で、
センスの良い雑貨店
が集まるモンサラット
通りへ。ハワイらしいア
イテムをチェック♪

カカアコのウォー
ルアート⇒P.28は
一見の価値あり！
お気に入りの作
品を見つけて写
真を撮りましょう

絵は定期的に
替わるので
見逃さないで！

複合施設「ソルト」
⇒P.29には、ロコに
人気のカフェやショ
ップ、ギャラリーが
集まっています

ホールフーズ・マーケ
ット クイーン⇒P.36で
買い物も忘れずに

ポート・ワイキキ・クルーズ
⇒P.21に参加。金曜の夜な
ら花火も見ることができます

3日め

ザ・バスに乗って南北縦断
ローカルタウン、ハレイワへ

8:00 ハワイ島コナ産の
コーヒーで作る本格ラテと
名物ペイストリーで朝食を

8:30 ザ・バスに乗車
ハレイワへ出発！

10:00 ドール プランテーションに
立ち寄って、有名な
パイナップルのアイスを

11:30 ハレイワ到着
名物グルメやスイーツ店、
かわいいショップをめぐりましょう

14:00 ハレイワを出発

16:00 アラモアナセンターで
気になるショップをクルーズ

18:30 フラショー＆ディナーで
ハワイ最後の夜を満喫

21:00 ビーチ沿いの
マイタイ バーでのんびり
ホテルへ帰ったら荷づくりしましょう

今日のごほうび
一目ぼれした
トートバッグ $120
ハウス ウィズアウト
ア キーのディナー $60

コナ・コーヒー・パーベイヤーズ／ビ
ー・パティスリー⮑P.57で絶品と呼
び声高いクイニーアマンを味わって

ザ・バス⮑P.80に乗ってハレイワ
へ。車窓からのんびり郊外の
景色を眺めましょう

レインボー
ペイントのバスも

ドール プランテーション
⮑P.81では、名物のアイ
スを食べたり、アトラクシ
ョンで遊んだり、楽しみ
方もいろいろです

サーフガール御用
達の町、ハレイワ
⮑P.86へ。人気グ
ルメやショップをは
しごしましょう

ホノルルに戻って、定番のショッピング
スポット、アラモアナ センター⮑P.38
へ。新しいショップは要チェック

ハウス ウィズアウト
ア キー⮑P.58のフ
ラショーを見ながら
最高の夕食を楽し
みましょう

念願だったフ
ラのライブを
間近で見られ
て大満足

海に面したオープンテラス席が自慢のマイタイ
バー⮑P.63。さわやかな風が吹き抜ける店内で、
カクテルとともに思い出話に花を咲かせて

4日め

帰国日当日の朝まで
ハワイを満喫しましょう

6:00 朝早く起きて、
ビーチ沿いをおさんぽ

8:00 ハウツリーの木陰で、
エッグベネディクトを

10:00 ホテルに戻って
チェックアウト
エアポートシャトルで空港へ

13:00 ホノルルの空港発
日本へ

今日のごほうび
ハウ・ツリーの
エッグベネディクト$28

ワイキキ・ビーチ
沿いの遊歩道
➡P.26は、のんび
り朝のさんぽを楽
しむのにうってつ
け。美しい海を目
に焼きつけて

ハウ・ツリー ➡P.58にある樹齢
200年以上の木の下で、名物のエ
ッグベネディクトに舌鼓。最終日、
ぜいたくな朝ごはんになりました

エアポートシャトルで空港まで送
迎。シャトルは事前に予約をして
おくとスムーズです

絶対にはずせない
一皿です

この旅の収穫

ハワイのシェイヴ・アイスは
トッピングも盛りだくさん。自分
好みにカスタマイズして

ハワイの自然をモ
チーフにしたプラ
ントカバー$34

いろいろなエリアを旅して、
新しいハワイを知ることができました。

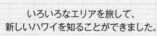

繊細な色目が
大人っぽい便
利トート$64

みんなへの
おみやげは
コレ！

ボトルも粋なロ
ーカルメイドの
シーズニング・ソ
ルト$9

いちばん
おいしかったの
はコレ！

繰り返し使え
るサステナブ
ルな蜜蠟ラッ
プ$18

ハワイの思い出といっし
ょに眠れそうなバナナリ
ーフ柄のパジャマ$78

My Favorite

ハワイ
My
フェイバリット

ハワイ好きが提案する
サステナブルな旅の方法

旅先の住民にも、環境にもやさしい旅をしようという「サステナブル・ツーリズム」が
いま注目を集めています。美しいハワイのためにできることを
今回の旅に取り入れてみてはいかがでしょうか。

旅行者やロコの
意識の変化で
海もきれいに。
この環境を守りたい
ですね

関連ページ
➡P.55

アクション 1

サンゴにやさしい日焼け止めを使う

ハワイでは、サンゴ礁に有害な成分が入っ
た日焼け止めの販売や使用はNG。雑貨店
などで専用のものを購入しましょう。

美しいサンゴを
守りましょう

紫外線吸収剤
を含む日焼け止
めの販売が禁
止に。(島によっ
ても異なる)

かわいいエコバッグを持つ
アクション 2

日本と同様、ハワイでもプラ
スチックバッグは廃止にな
り、エコバッグが当たり前に。
お気に入りを探しましょう。

スーパーでも
販売してます

関連ページ
➡P.37・94

セレクトショップで
はかわいいエコバッ
グが見つかることも

エコなおみやげを買う
アクション 3

ハワイでは、環境にやさしい石
けんやスプーンなどのカトラリ
ーセット、何度も使えるラップ
といったエコな商品が増えて
います。ハワイらしいデザイン
のものも多いですよ。

アクション 4

美しい自然を守る

混雑緩和や環境保護の目的で、ハ
ナウマ湾➡P.82やダイヤモンド・
ヘッド➡P.27が予約制になった
り、入場料が値上げされたり、観光
地にも変化が。多少不便になるけ
れど、美しいハワイを守るためには
協力していきたいですね。

エコな雑貨を扱うお店
は、ロコガールにも人気。
かわいい雑貨も多数

関連ページ
➡P.42

ビーチクリーニングをしたり、地元の
農園を見学したり、ハワイの自然にふ
れる旅もおすすめですよ。ハワイなら
ではの地産地消グルメもぜひ味わっ
てみてくださいね!

マノア滝➡P.70は、2021年にトレ
イルが修繕され、きれいに。ハナウ
マ湾はここ数年で透明度が向上

いま気になる
ホノルルの過ごし方

オアフ島の中心地、ホノルルはのんびりしたリゾート地の顔と、
店や流行の移り変わりが激しい都会の顔、両方を併せ持つ珍しい場所。
行く度に違った魅力に出会えるから何度訪れても新鮮なんです。
写真スポットですてきな一枚を撮影したり、おいしいグルメを堪能したり。
風の吹くまま、気の向くまま……おさんぽにでかけましょう。

リゾートらしい
風景に
気分がアップ♪

ホノルルの街はこんな感じです

ホノルルがあるのはオアフ島。中心となるのはもちろんワイキキです。
有名なアラモアナセンターがあるのは、お隣のアラモアナ地区。
エリアによって雰囲気が異なるので、いろいろめぐってみましょう。

カイルア Kailua　P.84

エメラルドグリーンのビーチが広がるローカルタウン。小さな雑貨店やアットホームなレストランが並びロコに人気。

ハレイワ Haleiwa　P.86

ノースショアの中心となる町。プランテーション時代の雰囲気が漂い、古い家屋を利用したおしゃれなショップが並ぶ。

ダウンタウン／チャイナタウン Downtown/Chinatown
- イオラニ宮殿 Iolani Palace
- カメハメハ大王像 Statue of King Kamehameha
- アロハ・タワー Aloha Tower

ホノルル港のランドマーク、アロハ・タワー。展望デッキからの眺めがすばらしい。

ワード／カカアコ Ward／Kakaako

ハワイ行政の中心地。カメハメハ大王像やエスニックな雰囲気のチャイナタウンなど見どころがたくさん

①

ダウンタウン／チャイナタウン
Downtown / Chinatown

イオラニ宮殿 ➡P.30

個性的な店が集まるショッピングエリア
ワードビレッジや話題の街カカアコへ

②

ワード／カカアコ Ward / Kakaako

カカアコをキーワードでめぐる ➡P.28

巨大なアラモアナセンターは
1日ではまわりきれない
ショッピング・パラダイス！
ハワイ限定アイテムも要チェック

③ ## アラモアナ Ala Moana

アラモアナセンター ➡P.38

ローカル色いっぱいのカイムキと高級住宅街のカハラへは、
自転車でGo！ ロコに人気のカフェや
カハラモールをチェック

5 ## カイムキ／カハラ
Kaimuki / Kahala

シェアバイクでちょっぴり遠出 ➡ P.24

ザ・カハラ・ホテル＆リゾート ■
The Kahala Hotel & Resort

■ カハラモール
Kahala Mall

Waialae Ave.

H-1

Lunalilo Fwy

Beretania St.

King St.

Kapahulu Ave.

5 カイムキ/カハラ
Kaimuki/Kahala

Kapiolani Blvd.

Diamond Head Rd.

3 アラモアナ
Ala Moana

■ アラモアナセンター
Ala Moana Center

Kalakaua Ave.

4 ワイキキ・ビーチ
ワイキキ Waikiki Beach
Waikiki

ダイヤモンド・ヘッド
Diamond Head

アラモアナ・ビーチ・パーク
Ala Moana Beach Park

■ ホノルル動物園
Honolulu Zoo

ママラ湾 Mamala Bay

ハワイで一番有名な
ワイキキ・ビーチは全
長3kmにもわたって白
砂が続く長いビーチ。

■ カピオラニ公園
Kapiolani Park

Diamond Head Rd.

標高232mの死火山。
ハイキングにおすす
め。山頂からはワイキ
キの街を一望できる。

白砂が続くワイキキ・ビーチは
常に観光客でいっぱい。
カラカウア通りには、ホテルや
ショッピングセンターが建ち並ぶ

4 ## ワイキキ Waikiki

ロイヤル・ハワイアン・センター ➡ P.22
インターナショナル
マーケットプレイス ➡ P.23

移動にはザ・バス＆
ワイキキトロリーが便利です。

ワイキキ→アラモアナ
ザ・バス約10〜20分　トロリー約20〜30分

ワイキキ→ワード
ザ・バス約20分　トロリーはアラモアナ下車、徒歩約10分

アラモアナ→ワード　　　　徒歩約10分

ワイキキ→ダウンタウン
ザ・バス約30〜40分　トロリー20〜30分

ワイキキ→カイムキ
（ワイアラエ・アベニュー）　　ザ・バス約30分

船で沖までクルージング
ホノルルを海から眺めましょ

ビーチで海を満喫するのもいいけれど、ワイキキ沖のクルージングもおすすめ。
ダイヤモンド・ヘッドや街の景色も、沖から眺めるとまたひと味異なる表情で広がります。
運がよければ、沖合をのんびり泳ぐ、イルカやウミガメにも会えますよ。

ワイキキの絶景に出会う

ワイキキ・ビーチから出航するカタマラン（双胴船）クルーズ。海に沈む夕日を眺めるサンセットクルーズが人気。予約はシェラトン・ワイキキ前のデスクやHPなどで受け付けている。

船上のネットの上で日光浴も。ときどきかかる水しぶきが気持ちいい

15:00以降のクルーズはマイタイやビール、ワインなどが飲み放題

マイタイ・カタマラン
MAITA'I CATAMARAN

MAP 付録P.14 F-4　　　ワイキキ

🚩 シェラトン・ワイキキとハレクラニホテル間のビーチに集合
📞 808-922-5665
🕐 予約は8:00〜（ツアー開始は毎日11:00、13:00、15:00、17:00、金曜の19:00）いずれも所要90分
🚫 無休
💲 $50〜80

\ こんな景色に出会えます♡ /

ワイキキのホテル群

ワイキキ・ビーチに建ち並ぶホテル群を一望。絶景を満喫して

ダイヤモンド・ヘッド

存在感のあるダイヤモンド・ヘッド。海からでもその迫力は健在

かわいいウミガメ

沖合はビーチよりさらに海がきれい。ウミガメがいることも

ハワイアンダンスも必見♪

プライベートクルーズも

ワイキキやコオリナでの大勢の旅行なら、クルーザーをチャーターするのも◎。話題のシーボブ、ホエールウォッチングや花火鑑賞なども体験できます。●キャプテンブルース プライベートクルーズ URL cptbruce.com

サンセットとディナーショーが最高

ハワイ最大級の豪華船で行く「スリースターサンセットディナー＆ショークルーズ」では、ぜいたくなディナーを味わいながら、見ごたえ満点のショーや音楽を楽しめる。プランの種類も豊富。

スターオブホノルル
Star of Honolulu

MAP 付録P.11 B-3　　　　　　ダウンタウン

交 アロハ・タワー・マーケットプレイスのピア8から出航（有料送迎あり）☎ 808-983-7879
営 17:30～19:30（金曜は～20:30）休 無休 料 スリースターサンセットディナー＆ショークルーズ $184（金曜は $202）

1 サンセットクルーズのなかでも高いホスピタリティが評判 2 次つぎに運ばれる料理に大満足 3 デッキからは大海原に沈む夕日が見られる

金曜限定の花火を楽しむ

ヒルトン・ハワイアン・ビレッジの目の前のピアから金曜夕方に出港する「ファイヤーワーク・ディナー・セイル」。裸足で気軽に楽しめ、夜にはヒルトンのホテル前で上がる花火を間近で観賞できる。

ポート・ワイキキ・クルーズ
Port Waikiki Cruises

MAP 付録P.8 F-4　　　　　　ワイキキ

交 ヒルトン・ハワイアン・ビレッジ・ワイキキ・ビーチ・リゾート前のビーチに集合 ☎ 808-951-4088
営 ファイヤーワーク・ディナー・セイルは金曜18:00～20:00 休 土～木曜（他のツアーは毎日催行）
料 ファイヤーワーク・ディナー・セイルは $192

1 寝そべったり、お酒を飲んだり、船上で思い思いに時間を過ごせる 2 遮るものが何もない海上から見る花火は圧巻のひと言

冬は18時ごろ、春と秋は18時30分ごろ、夏は19時ごろがサンセットタイムの目安です。

ワイキキさんぽの途中でほっこり
癒やしスポットをご案内します

ワイキキのメインストリート、カラカウア通り沿いは観光客でいつもにぎわうエリア。
そんな繁華街にもほっとひと息つける、気持ちのいいスポットがあるんです。
おさんぽやショッピングの合間の休憩にもぴったりですよ。

静かなテラスでゆったり

ロイヤル・ハワイアン・センター
Royal Hawaiian Center

ワイキキ最大のショッピングセンター。高級ブランドからプチプラ雑貨まで、幅広くそろう。

MAP 付録P.14 F-3

カラカウア通り

カイウラニ通り

Ⓒ Ⓓ

Ⓖ

Ⓑ ロイヤル ハワイアン ラグジュアリー コレクション リゾート **MAP** 付録P.13 A-3の中庭を望むテラス席は宿泊者でなくても利用可能

Ⓑ つねに多くの人が行き交うカラカウア通り

ロコ、観光客問わず、各国のサーファーが集う

癒やしの海に浸ってパワーチャージ

Ⓐ カヴェヘヴェヘ Kawehewehe

古代ハワイアンが心身の病から癒やしを求め、祈りをささげた聖なる海。色がほかの場所より白っぽく見える。

MAP 付録P.7 B-4

因 ハレクラニ前のワイキキ・ビーチ

Ⓐ

穴場Cafeもチェックです

ーーココ

Ⓒ ハワイアン・アロマ・カフェ
Hawaiian Aroma Caffe

トロピカルなプールに臨むジェニックなカフェ。植物やチョークアートに彩られたインテリアもおしゃれ。

MAP 付録P.13 A-2

団 ワイキキ・ビーチコマー by アウトリガー2階

☎808-256-2602 圏6:00〜18:00（金〜日曜の夜は週によって時間変動あり）
困 無休

22

ぐるっと回って **180分**

カラカウア通りおさんぽアドバイス
カラカウア通りの西側にはショッピングセンターやブティックが、東側にはホテルや人気のビーチが並びます。西では買い物を、東では海遊びを楽しみましょう。

10
17
おすすめの時間帯

ピクニックフードはココで
カピオラニ公園でピクニックをするなら、タッカー＆ベヴィー **MAP** 付録P.13 C-2 でピクニック用フードをテイクアウトするのがおすすめです。

3フロアに80店以上が入るショッピングセンター

D インターナショナル マーケットプレイス
International Market Place

70年近い歴史をもち、中央の大きなバニヤンツリーがシンボル。話題のおしゃれショップがたくさん。

MAP 付録P.13 B-1

所 2330 Kalakaua Ave.
☎ 808-921-0537 営 10:00〜21:00
（一部店舗により異なる）休 無休

ゆったりとハワイらしい雰囲気

E ホノルル動物園
Honolulu Zoo

カピオラニ公園に隣接する動物園。絶滅危惧種にある珍しい動物なども飼育する。

MAP 付録P.6 E-3

所 151 Kapahulu Ave.
交 カピオラニ公園の西角
☎ 808-971-7171 営 10:00〜
16:00 休 無休 料 $21

緑が美しいワイキキのオアシス的公園

F カピオラニ公園 Kapiolani Park

ハワイ最古にして、約70万㎡という最大の面積を誇る緑地公園。広い芝生はピクニックにもぴったり。

MAP 付録P.6 F-4

所 3840 Paki Ave. 交 ワイキキ水族館向かい 営 5:00〜24:00

デューク・カハナモク像
Duke Kahanamoku Statue

ハワイの伝説的サーファーであるデューク・カハナモク氏の像。人気の撮影スポットのひとつ。 **MAP** 付録P.13 C-2

G モアナ サーフライダー **MAP** 付録
P.13 B-3の中庭にあるテラスも絶好の休憩スポット

H カイマナ・ビーチは観光客が比較的少なく、休憩にぴったり **MAP** 付録P.4 E-4

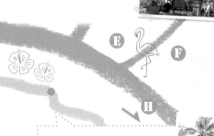

ロイヤル・ハワイアン・センターの中庭も緑が多い癒やしのスポット。ランチをテイクアウトして食べるのもいいですね。

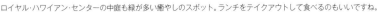

車よりバスより便利です
シェアバイクでちょっぴり遠出

ホノルルでの移動手段として注目されているシェアバイク、BIKI。
今までアクセスしにくかった郊外エリアへ、自転車で訪れてはいかがですか？
自分のペースで景色を見ながら、ハワイの新たな魅力に出会いましょう。

What's BIKI?

カピオラニ公園からダウンタウンに約100のスポットが設置され、スポット内であればどこでも借りたり、返すことができる。交通ルールを守って、上手にBIKIを活用して。
[料] 1回利用30分以内$4.50 [URL] gobiki.org/japanese

How to use

ストップを見つける
公式ホームページの地図を参考に、BIKIストップを見つけて。道路沿いに並ぶブルーの自転車が目印。

自転車を借りる
タッチパネルの画面を操作し、カードで料金を支払う。発行された5桁の暗証番号を自転車横のボタンに入力。

目的地近くで返却
目的地周辺のストップを調べておくと便利。空いているドックに自転車を差し込んで、緑色のライトがついたら返却完了。

あちこち自由にめぐりましょ

b 100 Downtown
Aloha Tower
King Kamehameha
Ward/Kakaako
b 126
Ala Moana
b 210 Kalakaua Ave.
Ala Moana Blvd.
Waikiki
b 205
▲ Ala Moana Beach Park

※地図内の数字は各停留所の番号です

ワイキキから自転車で20分
ダウンタウン

イオラニ宮殿やカメハメハ大王像など、歴史的な見どころも多いダウンタウン。カルチャースポットが多く、ロコが手がけるブティックやセンスのいいショップも多数点在する。

歴史とアートさんぽにぴったり

宮殿前のカメハメハ大王像にごあいさつ

立ち寄りスポット

5つの魅力的な庭園と世界的なアートを鑑賞

ホノルル・ミュージアム・オブ・アート
Honolulu Museum of Art

1927年に創設されたハワイ最大の美術館

[MAP] 付録P.10 E-1　　　　　マキキ

[所] 900 S. Beretania St. [☎] 808-532-8700
[開] 10:00～18:00（金・土曜は～21:00）
[休] 月・火曜 [料] $20

交通ルールを守りましょう

自転車は車と同じ交通ルールが適用されるため、走行車線の右側通行をするのが基本。歩道では走行不可、一方通行の標識に準じるなど細かいルールがあります。

レナーズ・
ベーカリー ➡P.53

ハワイ名物の揚げパン、マラサダの名店にも立ち寄りたい。$1.85

ワイキキから自転車で15分
カイムキ

ダイヤモンド・ヘッドの稜線がきれいに見えるエリア。ワイキキからほど近いわりにローカル色が残り、伝統スイーツの行列店やセレクトショップが点在する。メインストリートとなるのはカパフル通りとワイアラエ通り。

おいしいグルメが集まる!

╲立ち寄りスポット╱

リリコイパンケーキがシグネチャー
モケズ・ブレッド&ブレックファスト
Moke's Bread&Breakfast

MAP 付録P.4 E-2　　カイムキ

🏠 1127 11th Ave.#201
📞 808-367-0571
🕐 7:30〜14:00(土・日曜は7:00〜)
休 月曜

名物のリリコイパンケーキほか、フードも多彩。ロコに人気のカフェ

カフェめぐりも楽しい

Kaimuki

Waikiki Beach

╲ワイキキから自転車で5分╱
モンサラット通り

ワイキキから徒歩圏内に位置する、ダイヤモンド・ヘッドにほど近いエリア。かわいいショップや雰囲気のよいカフェがどんどん増えており、注目を浴びている。

╲立ち寄りスポット╱

ランチからスイーツ、
フレッシュジュースまでカバー

アロハ・カフェ・
パイナップル・ハワイ
Aloha Cafe Pineapple Hawaii

MAP 付録P.4 E-3　　モンサラット

🏠 3212 Monsarrat Ave.
📞 808-739-1630
🕐 7:30〜15:00(L.O14:30)
休 火曜

⋯ワイキキから自転車で15分　カカアコ ➡P.28

かつては倉庫街だったカカアコは、今どんどん急成長を遂げているエリア。おしゃれなカフェやバー、ショップが続々と誕生中。特に注目すべきは、街中に描かれたウオールアート。

カラフルなアートが!

フォトジェニックなカフェ
アーヴォ ➡P.50も人気

カラーコンビがかわいいソーダやスムージーは街歩きのおともに最適

ホノルル・ミュージアム・オブ・アートにはカフェも併設。新鮮な地元野菜を使った料理とオープンエアの空間が人気です。

朝のプチエクササイズで
快適な一日のスタートを

朝の始まりが早いハワイでは、いつもよりちょっと早起きしてみませんか？
南国の風を感じながら、午前中に軽く体を動かせば、
交感神経がきりっと刺激されて体も心もすっきり。元気に一日を過ごせます。

海沿いを歩く

ワイキキ・ビーチ沿いには遊歩道が整備され、さんぽにもってこい。特に東側のカピオラニ公園付近は海と緑が気持ちいい場所。深呼吸しながらのんびり歩いてみて。

所要時間 30分
料金 $0

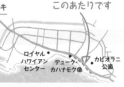

■1カピオラニ公園脇の遊歩道はさんぽやジョギングにぴったり ■2カピオラニ公園の緑も気持ちいい。ベンチがあるので、朝食を持参するのもおすすめ ■3朝のビーチは最高にさわやか。ヤシの木の下で海を眺めて

MAP 付録P.12 F-3　ワイキキ

所 デューク・カハナモクの像前からカピオラニ公園の遊歩道

このあたりです

ロイヤル・ハワイアンセンター　デューク・カハナモク像　カピオラニ公園

簡単！
Easy

伝統のフラをたしなむ

ハワイ文化の代表格、フラを気軽に体験できる無料レッスン。プロの踊り手が基本をていねいに教えてくれる。流れに沿ってゆるやかに手足を動かせば、気分もすっきり。

■1簡単な振り付けのバージョンなら1時間ほどで踊れるように ■2神への祈りを込めたフラは、手の動きさで自然の尊さや感情を表現する

所要時間 60分
料金 $0

だれでも自由に参加できるお手軽フラ体験

フラ・レッスン
Hula Lesson

MAP 付録P.14 F-3　　　　　　　　　　　　ワイキキ

所 ロイヤル・ハワイアン・センター B館1階 ロイヤル・グローブ
☎ 808-922-2299
営 火曜の11:00〜12:00
休 月曜、水〜日曜
※2024年4月現在。最新情報は公式HPで要確認

もっとアクティブに朝を過ごすなら

ロコサーファーの間で火がついたスタンドアップ
パドルや王道のボディボードなど気軽に挑戦でき
るマリンアクティビティもおすすめです。
MAP 付録P.6 E-4 オハナ・サーフ・プロジェクト

早朝のビーチでヨガ

経験豊富な日本人インストラクターが参加者のレベルに
合わせて指導してくれる。透き通った空気感がここちいい
朝の静かなビーチで体をほぐす癒やしのヨガを楽しんで。

1朝日を浴びながら深呼吸すると体の
中が浄化されていくよう **2**ビギナー
でも気軽にトライできる。下に敷くビー
チタオルと飲料は持参して

所要時間 60分
料金 $25

打ち寄せる波の音をBGMに心穏やかな時間を
ハッピー・ハツミ・ヨガ
Happy Hatsumi Yoga

MAP 付録P.8 F-4　　　　　　　　　　　ワイキキ

図ヒルトン・ハワイアン・ビレッジのトロピックス・バー＆グリ
ル前のビーチ
♪なし（完全予約制。2名以上で開催、公式HPの予約フォーム
にて受け付け）
図6:25集合（雨天中止）
休不定休 URL www.happyhatsumiyoga.com

ダイヤモンド・ヘッドへ登る

ワイキキの高層ビル群やカピオラニ公園などを一望す
る眺めは爽快そのもの！ 早朝は空気もさわやかで、美
しい朝日とワイキキの絶景に感動すること間違いなし。

所要時間
2時間
料金 $5

1片道約40分のトレッキングの先に
は絶景が待っている **2**頂上からは
ワイキキのホテル群やビーチを一望

気軽に登れるトレッキングコースが整備
ダイヤモンド・ヘッド
Diamond Head

MAP 付録P.4 F-3　　　　　　　ダイヤモンド・ヘッド

図ワイキキトロリー・グリーンラインでクレーター（内側）下
車。またはザ・バス2・2L・23番利用。登山口まで徒歩15〜20分
開6:00〜18:00（最終入場は16:00）休無休
料入場料$5、または車1台につき$10
※入場は要オンライン予約
URL gostateparks.hawaii.gov/diamondhead

ちょっと難しめ！
Challenging

にぎやかなワイキキ・ビーチのなかで、西側にあるフォート・デルッシー・ビーチ **MAP** 付録P.7 A-4は比較的観光客が少なくて穴場です。

旬の街、カカアコを キーワードでめぐりましょう

ウォールアートで注目を集めるカカアコ。複合施設「ソルト」を中心に、
NYのブルックリンをほうふつとさせるおしゃれタウンへとどんどん進化しています。
ハワイのトレンドを知るなら、一度は足を運びたいエリアです。

#1 ウォールアート

もとは倉庫街だったカカアコ。その建物の壁に描かれたウォールアートは完成度が高く、観光客がこぞって訪れる。

1 SNS映えする作品も多い。できるだけ道路やまわりの建物が写らないように撮るのがコツ 2 人気の作品以外はほぼ毎年描き換えられる 3 ウォールアートと一緒に撮影するのも

#2 クラフトビール

自慢のブリュワリーで造られた、個性豊かなクラフトビールが楽しめる。特にカカアコはビアバーの激戦区！

1 定番のビールのほか、限定メニューも提供する 2 醸造所で働きビール作りを学んだオーナーが始めた店

自家醸造のビール専門店

A ホノルル・ビアワークス Honolulu Beerworks

レストランに併設されたブリュワリーで、オーナーが醸造したビールを味わえる。オーナーはシェフ経験があり、アメリカンな料理も用意。

MAP P.28/付録P.10 D-4
所 328 Cooke St. 交 クック通り沿い
☎ 808-589-2337
営 12:00～22:00（金・土曜は～24:00）
休 日曜

〔地図〕

R アロハ・ビア・カンパニー
ALOHA BEER CO
• Lex Brodie
Queen St.
0 100m
周辺図 付録P.10
Haniwai St.

R アップ・ロール・カフェ
Up Roll Cafe
フィッシャー・ハワイ
Fisher Hawaii
Halekauwila St.

S マザー・ウォルドロン公園
Mother Waldron Park
S P.37
ダウントゥアース
Down to Earth
Pohukaina St. フィッシュケーキ S
Fishcake

ロノハナ・エステート・チョコレート
Lonohana Estate Chocolate
C モーニング・ブリュー・カカアコ
Morning Brew Kakaako
B R P.50
アーヴォ
ARVO
ソルト
Salt
Ala Moana Blvd.
ホノルル・ビアワークス
Honolulu Beerworks
P.55 カカアコ
ファーマーズ・マーケット S
Kaka'ako Farmers' Market
Kewalo Basin

ぐるっと回って **90分**

ワイキキからのAccess
ワイキキから20・42番のバスでアラモアナ通りとワード通りの角で下車、所要約30分。アラモアナセンターからも10分ほどで歩いて行けます。

11
15
おすすめの時間帯

人気のファーマーズ・マーケットへ
カカアコで土曜の午前中に開催しているカカアコ・ファーマーズ・マーケット ⇒ **P.55**は、約90の実力派ベンダーが登録。食べ歩き系はもちろん、プレート料理などしっかり系の食事も調達できます。

#3 複合施設「ソルト」

おしゃれでクオリティの高いカフェやレストラン、ショップが次々と誕生しているスポット。ハワイの流行はココでおさえて。

1 さまざまな店が集まる **2** ロコや観光客でにぎわう開放的な空間。ウォールアートが随所に

カカアコ再開発の中心的ランドマーク

B ソルト Salt

多くの人気店が集まる複合施設。ハイセンスなショップやダイナーのほか、ギャラリーやワークスペースもあり、流行に敏感なおしゃれロコたちのお気に入りスポット。

MAP P.28/付録P.10 D-4

所 691 Auahi St. 交 アウアヒ通り沿い。ワイキキトロリー・レッドラインまたはザ・バス20・42番を利用 ☎ 808-545-4835 営休 店舗により異なる

おしゃれなカフェメニュー

C モーニング・ブリュー・カカアコ
Morning Brew Kakaako

カイルアにある人気カフェの2号店。本格派のコーヒーやパンケーキなどロコに人気のフードが楽しめる。

所 ソルト内 ☎ 808-369-3444 営 7:00〜14:00（金〜日曜は〜16:00）休 無休

吹き抜けのさわやかな店内。自慢のコーヒーの香りが漂う

季節限定のフレーバーも登場しますよ

自社栽培のハワイ産カカオが決めて

D ロノハナ・エステート・チョコレート
Lonohana Estate Chocolate

100%完全ハワイメイドの上質なチョコレートショップ。テイスティングで好みのフレーバーを見つけて。

所 ソルト内 ☎ 808-260-1151 営 10:00〜17:00（金〜日曜は18:30）休 無休

基本シリーズのチョコレートバーは1つ$16

見た目にもこだわった、ブランチにぴったりなメニューが充実。カフェラテと併せて楽しんで

ロノハナ・エステート・チョコレートはハワイ諸島のカカオ豆にこだわったすぐれもの。パッケージも上品で、おみやげに最適です。

いま気になるホノルルの過ごし方／カカアコ

王様の暮らしていた 宮殿を見に行きませんか？

アメリカ国内で唯一のハワイ王国公邸だったイオラニ宮殿。
内部には王族が愛用した品々が展示され、豪奢な雰囲気が漂っています。
ツアーで館内を見学して、当時の栄華に思いを馳せてみてはどうでしょう？

こちらも定番の撮影スポット

宮殿を見守るように立つカメハメハ大王像

王座の間

舞踏会や祝典など公賓をもてなす際に使用され
た部屋。赤と金で装飾され、高貴さが際立つ

❶赤を基調としたじゅうたんやカーテンが美しい ❷展示ケースに収められた王冠、剣、笏杖。地下ギャ
ラリーにも装飾品が飾られている ❸カピオラニ王妃やリリウオカラニ女王が着ていたドレスを再現

カラーカウア王の壮麗な宮殿

イオラニ宮殿 Iolani Palace

1882年にカラーカウア王の命により建造された、ハワイ王国の宮殿。
国王とリリウオカラニ女王が公邸として使用、1895年のクーデター後
には女王が幽閉された。現在は、当時のものを収集、復元した調度品や
王の私物が展示され、ハワイ王朝の栄華を伝える博物館になっている。

MAP 付録P.11 C-2　　　　　ダウンタウン

所364 S. King St. 交ザ・バスE・2・2L・13番でホテル
通りとアラケア通り角で下車、徒歩5分。またはワイ
キキトロリー・レッドラインを利用 ☎808-522-0822
営9:00〜16:00 休月・日曜 料セルフオーディオツア
ー＄26.95〜など ※入館は要オンライン予約

日本語のガイドツアー

館内を日本語で案内し
てくれるツアーも催行。
ウェブで事前予約を。

営日本語ガイドツアーは水・
木曜の15:30〜 料ガイドツア
ー＄32.95、スペシャリティツ
アー（水曜13:15〜）＄77.95
URL www.iolanipalace.org/
visit/tours-admission

カラーカウア王　リリウオカラニ女王

イオラニ宮殿を公邸とした2人の君主

カラーカウア王はハワイ王国7代目の王です。1881年に世界周遊の旅に出た際、日本で移民契約を結んだ王としても知られています。リリウオカラニ女王は、ハワイ王朝最後の王で、唯一の女王。王朝が転覆したのち、1893年にはハワイ共和国が誕生しました。

青の間

王へ謁見する前に待機する控え室としての役割を果たした。カーテンやチェアなどすべてがブルーで統一されている

1 当時の華やかな生活を思い起こさせる青の間
2 リリウオカラニ女王が肖像画で着ているのと同じ、ブルーの勲章が特徴的なドレス

当時のまま残る場所。精巧な彫刻が美しい

日本の皇室から贈られた壺には徳川家の家紋も

大階段

現地の職人が造ったハワイ原産のコア材を使った階段。踏み板部分は当時のままだそう

王の人柄がわかる展示にも注目

新しいもの好きで知られていたカラーカウア王や、おしゃれなリリウオカラニ女王の人柄は、その私物からも見てとれる。電話やキルトなど、展示品も要チェック。

幽閉中、リリウオカラニ女王が作ったキルトは繊細な図柄

カラーカウア王が使用したとされる電話のレプリカ

カラーカウア王の執務室も再現されている。机には勲章なども

敷地内にはギフトショップも併設されています。館内の展示をモチーフにしたおみやげもあるのでぜひ立ち寄って。

ロコアーティストがつくる
ハワイらしい小物たち

ロコのデザイナーが手がけるアイテムは、ヤシの木や花といった自然や
フルーツをモチーフにしたものなどハワイらしさがいっぱいです。
雑貨や服を通して、アロハスピリッツを感じてみましょう。

ジャナ・ラム
JANA LAM

花、葉、貝殻など
自然の素材を
鮮やかに描く
デザインが特徴。

大ぶりな模様とクラッチで有名

ジャナ・ラム
JANA LAM

ロコデザイナー、ジャナ・ラムさんがデザ
インしたハワイらしい柄のバッグや小物を
販売。一部を除き、すべて工房内で作られ
ており、ひとつひとつ柄が違うのも魅力。

MAP 付録P.9 B-4　　　　　　　ワード

所 1170 Auahi Street. #133
図 サウスショア・マーケット内
☎ 808-888-5044　営 11:00〜18:00
休 無休

❶デザインから製作まで工房内で行なって
いる　❷メッシュを通して柄を写すシルクス
クリーンの作業の見学もできる　❸柄やサ
イズ展開が豊富で、迷うのもまた楽しい

I am designer!
ハワイ育ちのデザイナー
JANA LAMさんを中心に、ハワ
イ在住の女性たちで作る。

❹レモン色のポピーが大胆なミニダッフル$208　❺クッションカバー各$88〜
❻おにぎりをモチーフにしたポーチやティッシュケースもキュート各$32

ロコデザイナーの店狙いなら

モリ・バイ・アート＋フリーも入っているサウスショア・マーケット **MAP** 付録P.9 B-4内には、ロコデザイナーが手がける店がたくさん。すてきなアイテムが見つかりますよ。

オリーブ＆オリバー
OLIVE & OLIVER

店のロゴが入ったシンプルで大人かわいいアイテムがすてき。

1 オリエンタルなボウルやトレイがハイセンス。2 日本で重宝する秋冬ものアパレルも扱う。3 コットン素材で丈夫なオリジナルトート

素朴で温かな風合いのアイテムぞろえ
オリーブ＆オリバー
OLIVE & OLIVER

オリジナル品とロコアーティストが手がけるセレクト品で展開する粋なブティック。バックやキッチンウエアも並ぶ。

MAP P.84　　　　　カイルア

🏠 43 Kihapai St., Kailua
🚌 キハパイ通り沿い
📞 808-263-9919　🕐 10:00～17:00
🈺 無休

We are designers!
カイルア在住のパーカーさんとアリさん夫妻がデザインを担当。

ブラッドリー＆リリー
Bradley & Lily

遊び心あふれるカラフルな個性派デザインで女性をとりこに。

1 ハワイらしい柄が愛らしいミニノート各$4.5
2 ユニークなホヌのグリーティングカード$5

ハワイらしさ満点のペーパーアイテム
サウス・ショア・ペーパリー
South Shore Paperie

グラフィックデザイナーのオーナーが選んだステーショナリーのほか、オリジナル品も扱う。おみやげにぴったり。

MAP 付録P.4 D-2　　　　カパフル

🏠 1016 Kapahulu Ave. #160
🚌 キロハナ・スクエア1階　📞 808-744-8746
🕐 10:00～15:00
🈺 月曜、土・日曜

I'm designer!
ハワイ在住のステイシーさん。夫のイアンさんが印刷を行なう。

ローカルアーティストの Goodsが集まる店へ

アートイベントを主催するアリーさんが、ハワイのアートを多くの人に知ってもらいたいと開いたショップ。ロコアーティストによるセンスの良い作品が並ぶ。

若手アーティストの作品を発掘
モリ・バイ・アート＋フリー
MORI by Art+Flea

MAP 付録P.9 B-4　　　　ワード

🏠 1170 Auahi Street. #105　🚌 サウスショア・マーケット内　📞 808-593-8958
🕐 11:00～18:00（金・土曜日は～19:00）
🈺 日曜

1 個性的なアクセサリーはファッションの差し色に 2 新進アーティストSolarioの作品$72。オールドハワイの建物をモチーフにしたものが多い

オリーブ＆オリバーの系列店、オリバー・メンズ・ショップ **MAP** P.84には男性向けのアイテムが充実。おみやげ探しにもぴったりです。

ハワイに着いたら
着ごこちのいい服に着替えましょう

ハワイに到着してまっ先にすべきは、快適に過ごせるリゾート服の調達。
風通しのいいさらっとしたワンピースや肌ざわりのいい服に身を包めば
よりいっそうリラックスできますよ。

気分が上がるおしゃれなロコ服ならここ

マヒナ
Mahina

マウイ島生まれのセレクトショップ。旬のアイテムが手にとりやすい価格で、ロコにも人気が高い。

MAP 付録P.14 E-3　　ワイキキ

所 ワイキキ・ビーチ・ウォーク1階
☎ 808-924-5500
営 10:00～22:00
休 無休

動きやすい
シフォン素材

①遊び心を取り入れたシンプルで大人っぽいデザインの商品がそろう
②落ち着いたスモーキーな色目が粋なワンピース$88
③ALOHAロゴTシャツは着回しがきくゆったりめのクロップド$44

肌ざわり抜群の
ふわモコアイテム

LA発の
セレクトショップ

ターコイズ
Turquoise

最新のトレンドをおさえつつ、ビーチにぴったりのアイテムを日本の四季に合わせたラインナップで展開。

MAP 付録P.14 F-2　　ワイキキ

所 333 Seaside Ave. #110 交 ロス・ドレス・フォー・レスの並び ☎ 808-922-5893
営 10:30～19:00（日によって変動あり。時間はInstagramを要確認）休 不定休

①ハワイ限定品やローカルブランドをはじめ、親子おそろいデザインも並ぶ ②ハワイの老舗アイランド・スリッパとコラボしたこだわりのサンダル$169.95 ③快適なベアフット・ドリームスの商品は日本よりお得

ハワイメイドの人気サンダル

創業70年以上を誇るハワイ発のブランド「アイランド・スリッパ」 **MAP** 付録 **P.14 F-3**のサンダルは、ソフトな肌ざわりで足にフィットし、履きごこち抜群です。

ナチュラルな
天然素材&カラー

肌なじみのいい
きれい色で展開

アット・ドーン・オアフ
at Dawn. O'AHU

麻やコットンなど自然素材とシンプルな色目にこだわり、セレクトとオリジナルの両方を扱う。

MAP 付録P.9 A-4　　ワード

🏠 1108 Auahi St. #154 図アナハ内
📞 808-946-7837 🕐 11:00~18:00
（金・土曜は~19:00、日曜は~17:00）
休 無休

1 パンツとセットアップにできる鮮やかなオフショルダー$138
2 上品なピンクベージュのバルーンワンピース$178 **3** 着ごこちのよさを追求しながらも美しいシルエットをキープした商品が多い

風通しのいいロングドレス

1 快適かつフェミニンなワンピースで人気が高い **2** **3** ウェスト周りのシェルやボタン柄など繊細なこだわりが **4** バッグや帽子など小物も用意

海に映える
ジュエルドバッグ

女度アップのワンピースが評判のブランド

エンジェルズ・バイ・ザ・シー・ハワイ
Angels by the Sea Hawaii

ハワイのリラックスしたムードに似合うアイテムが勢ぞろい。ナチュラルな素材のドレスは着ごこち抜群。

MAP 付録P.13 B-2　　ワイキキ

🏠 シェラトン・プリンセス・カイウラ二内
📞 808-921-2747
🕐 9:00~21:00
休 無休

いま気になるホノルルの過ごし方／着ごこちのいい服に着替えましょう

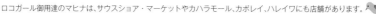

ロコガール御用達のマヒナは、サウスショア・マーケットやカハラモール、カポレイ、ハレイワにも店舗があります。

35

ホールフーズ・マーケットは
女子の"好き"が詰まってます

ハワイにはいろんなタイプのスーパーがあるけれど、女子におすすめなのが自然派スーパー。
なかでもホールフーズはオーガニックな食品やスキンケア商品にこだわり、
プライベートレーベルのアイテムが多彩。おみやげ探しもできちゃいます。

1全米でも有数の広さを誇る巨大店舗
2PB商品が高評価で、食品から日用品、エコバックまでバリエーション豊富
3ゆっくり時間をとって見て回りたい

人気オーガニックスーパーの
ハワイ最大規模店

ホールフーズ・
マーケット クイーン
Whole Foods Market Queen

全米で500店舗以上を展開し、自然派の食品や日用品を厳選して販売するスーパーマーケット。ワード店は2階建て6700㎡という広さで、いうまでもなく商品ラインナップの数はふんだん。とくに自社ブランドのアイテムが充実し、おみやげ探しにもぴったり。

MAP 付録P.9 A-4 　　　　ワード

所 388 Kamakee St. #100 交 ワードビレッジ内、入口はカマケエ通りとクイーン通り
電 808-379-1800 営 7:00～22:00 休 無休

生鮮食品を眺めるのも
楽しいです
ハワイ産の野菜や
果物はどれもカラ
フルでおいしそう

夜食用のスナック
調達にも便利
夜食にもぴったり
のヘルシーなスナッ
クがたくさん

Barでひと息
つきましょ
併設のバー
ではハワイメ
イドのビール
が楽しめる

1F
				乳製品		肉
ワイン				バター・ジャム類	オイル・麺類	コーヒー・茶	日用品		魚
	スイーツ	アルコール					魚
パン				調味料系	サプリ	ヨメン・		ポケ・花 フルーツ・
惣菜	デリ	飲料系	冷凍食品	スナック	飲料系		野菜	
Two Tides	レジ	みやげ	レジ				ラニカイ・ジュース
						エスカレーター

2F
			駐車場へ	
		オリジナル グッズ	期間限定ショップ	
	Two Tides			イートイン スペース
		看板		
ラナイ			エスカレーター	

ローカルメイドのコスメをチェック

質のいいオーガニックなハワイ産スキンケア商品がバリエーション豊か。自分へのご褒美にもぴったり

1手作りの無添加ソープは量り売りで販売 **2**Olaのボディミスト$15.50 **3**成分へのこだわりで名高いハニー・ガール・オーガニクスのクリームやマスクも取り扱い。各種$40.99～

好みの香りを探して

エコバッグがかわいいです

ホールフーズのエコバッグはもはや入手マストの定番といえるほど。ほしくなるおしゃれデザインがずらり

スーパーはもちろん、タウンユースでも活躍してくれる丈夫なトートが種類豊富$1.49～29.99

\\ 楽しさのポイントはコレでした //

使えるPB商品がますます増えてます

PB商品「365」は高品質かつ価格おさえめ。毎日の生活に欠かせないアイテムが展開され、おみやげにも

1そばの実やキヌア入りのスーパーグレイン$5.99 **2**スパイス類は50種以上の品ぞろえ。ローズマリー$2.79ほか **3**シリアル＆グラノラもラインナップ多彩$5.39

デリコーナーで夕飯調達♡

惣菜をはじめ、サラダやピッツァ、スイーツなどがそろう。店内で買ったデリは、併設のバーにも持ち込める

1魚コーナーには、ハワイならではのポケのバーも$17.99 lb **2**自分の好みだけを詰めたプレートランチを作れる。ホテルに持ち帰って食べるのも$13.99 lb

個性派スーパーもはずせませんよ

かわいい雑貨を買うなら

ターゲット アラモアナ店
Target Ala Moana

全米で人気の巨大スーパー。食料品から日用品、ハワイアン雑貨まで豊富。

PBのヘアケア商品がお買い得

MAP 付録P.9 C-3　　　アラモアナ

所 アラモアナセンター 2・3階
☎ 808-206-7162 営 8:00～22:00 休 無休

ハワイ発のローカルスーパー

ダウントゥアース
Down to Earth

動物性の食材を一切置かないビーガン向けスーパー。ハワイメイド品が充実。

イートインもできるデリが高クオリティと評判

MAP P.28/付録P.10 D-3　　　カカアコ

所 500 Keawe St. ☎ 808-465-2512
営 7:00～22:00 (デリは～20:00) 休 無休

ホールフーズ・マーケットはカハラ店 **MAP** 付録P.4 F-2やカイルア店 **MAP** P.84もあります。

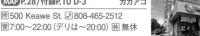

37

アラモアナセンターは
狙いを定めて回りましょう

約350もの店舗が集まり、1日では回りきれない驚くべきサイズ感。
まずは行きたいショップをいくつか決めておくと、効率よく動けます。
次つぎと登場するニューフェイスもチェックして。

一流ブランド
も多く取り扱
うニーマン・マ
ーカス

人気のスー
パー、ターゲ
ット⇒P.37
はPBが充実

ブルーミング
デールズ前
のアロハなウ
オールアート

屋根があるので
雨の日でも快適
にお買い物

ハワイで買い物といえばここ

アラモアナセンター
Ala Moana Center

さまざまなジャンルのショップが並ぶ、ハワイ最大規模の
ショッピングセンター。レストランやイベントなど買い物
以外の楽しみも多く、事前にチェックしておくと効率的。

MAP 付録P.9 C-3　　　　　　　　　　　　アラモアナ

🏠1450 Ala Moana Blvd. 📞808-955-9517
🚃ワイキキからザ・バスE・8・13・20・23・42番で、アラモアナセン
ター下車。またはワイキキトロリー・ピンクラインを利用
🗓無休

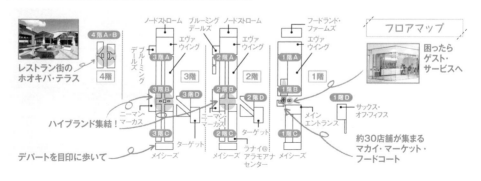

フロアマップ

ノードストローム　ブルーミング　ノードストローム
　　　　　　　　　デールズ

フードランド・
ファームズ

困ったら
ゲスト・
サービスへ

レストラン街の
ホオキパ・テラス

ハイブランド集結！

デパートを目印に歩いて

約30店舗が集まる
マカイ・マーケット・
フードコート

> ### クーポンとMAPを入手して
> アラモアナセンターのゲスト・サービスでは、クーポンや詳細MAPが載ったフリーペーパーを配布しています。手に入れて、効率よくショッピングを楽しみましょう。

心をわしづかみする♥ ライフスタイルストア

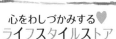

上質なハイエンド品から乙女心をくすぐるキュートなアイテムまで、衣食住をカバーする雑貨がたくさん。

B キュート過ぎるマウイ産のソープ各$8.50

A 白地に金のドット、リボンも付いたおしゃれなエプロン

B ハワイらしいフラワー柄が快活なパレオ$32

LAでも大人気のショップ

A アンソロポロジー
Anthropologie

シーンごとにアイテムがレイアウトされた個性的なセレクトショップ。雑貨やキッチングッズ、ガーリー&レトロなウエアなどを展開する。

MAP 付録P.9 C-3　　3階B

☎808-946-6302 ㈺10:00〜20:00 ㈯無休

アロハなセレクト小物が充実

**B シュガー・
シュガー・ハワイ**
Sugar Suger Hawaii

リゾート感に満ちた着ごこちのいい洋服やチャーミングな日用雑貨、ハンドメイドのジュエリーなどを扱うロコに人気のセレクトショップ。

MAP 付録P.9 C-3　　3階C

☎269-888-1180 ㈺10:00〜20:00 ㈯無休

島の文化を反映したホーム用品

C ノホ・ホーム
NOHO HOME

ハワイの自然と伝統文化にインスパイアされたハイセンスなリビング用品全般を取り扱う。日本人好みの洗練されたデザインが魅力的。

MAP 付録P.9 C-3　　2階C

☎808-779-8576 ㈺10:00〜20:00 ㈯無休

ハワイ限定アイテムをGET

D ムーミン・ショップ・ハワイ
Moomin Shop Hawaii

人気キャラクター、ムーミンの専門ショップ。ハワイの限定商品はおみやげにもぴったり。

MAP 付録P.9 C-3　　3階B

☎808-945-9707 ㈺10:00〜20:00 ㈯無休

C 品のいいロケラニのプラントカバー$39.95

C ハワイの自然を表現したピローケース$69.95

D 珍しい水着姿のムーミンが象徴的$28

D パイナップルのタグが付いたハワイらしいキーホルダー$10

穏やかなデザインが特徴的なノホ・ホームはアイランドスタイルのインテリアデコレーションをトータルに提案する

ニュースレター「eVIPクラブ」に登録すると、Wi-Fiが無料に。HPやSNSでお得情報を発信する店も多いので有効活用してみましょう。

いま気になるホノルルの過ごし方／アラモアナセンター

アラモアナセンターは
狙いを定めて回りましょう

ここでしか買えない
グルメみやげ♪

ちょっと高級な限定もののお菓子や紅茶ははずれなし。大切な人へのおみやげにぴったり。

グアバやハイビスカスが芳しいフレーバー紅茶クウイポ $13（50g）

一度味わうと忘れられないおいしさのショートブレッド。プレーン10個入り$9.25〜。オンシーズンは行列覚悟で

パッケージのデザインもかわいい！

ミルクティーにも合うラニカイは甘いマンゴーの香り $13（50g）

オアフ島内で唯一の実店舗

E ビッグアイランド・キャンディーズ
Big Island Candies

ハワイ島ヒロ生まれの老舗。元祖チョコレートディップ・マカダミアナッツ・ショートブレッドは創業以来の人気を誇るロングセラー商品。

MAP 付録P.9 C-3　　　　　　1階B

☎ 808-946-9213
🕙 10:00〜20:00
休 無休

ハワイ限定のフレーバー紅茶が大人気

F ルピシア
LUPICIA

世界中のお茶を扱う店。おすすめは南国のフルーツが香るハワイ限定のオリジナルティー。

MAP 付録P.9 C-3　　　　　　1階B

☎ 808-941-5500
🕙 10:00〜20:00
休 無休

まとめ買いしたい
人気スキンケア

アメリカ本土発のコスメやスキンケア品はハワイで安く入手を。まとめて買うとお得になるアイテムが多数。

ボディケア用品ならおまかせ

G バス＆ボディ・ワークス
Bath & Body Works

全米で大人気のボディケア用品ブランド。フルーティな香りも魅力のひとつ。

MAP 付録P.9 C-3　　　　　　2階C

☎ 808-946-8020
🕙 10:00〜20:00
休 無休

種類豊富なハンドソープはまとめ買いがだんぜんお得

米国トップのコスメ専門店

H セフォラ
Sephora

アメリカでもっとも有名なコスメショップ。あらゆるブランドの製品を扱う。

MAP 付録P.9 C-3　　　　　　2階A

☎ 808-944-9797
🕙 10:00〜20:00
休 無休

セフォラオリジナルのリップグロス$15。なんと全74色で展開

世界の味が集まるフードコート

2階メイシーズ付近にあるラナイ@アラモアナセンター **MAP** 付録P.9 C-3は世界中の料理を供するダイナーがラインナップ。食事はもちろん、休憩にも活用できます。

日本未上陸の すてきSHOP♪

ファッショニスタでなくとも見逃せない、日本では手に入らないアメリカの人気ブランドをチェックして。

ショーツは5枚で$30などまとめ買いで安く買えることも

J otraのサングラスも取り扱い。UVカット付き$62

J 海辺に映える鮮やかなフラワープリントがすてき$155

I ボディケア商品も充実。ローション、ミスト各$19.95

日本でも大人気の下着ブランド

I ヴィクトリアズ・シークレット
Victoria's Secret

ランジェリーを中心にコスメや衣類を扱う。ホールド感のあるアクティブウエアも高評価。

MAP 付録P.9 C-3　　2階A

☎ 808-951-8901
🕐 10:00〜21:00（土曜は〜18:00、日曜は〜20:00）
休 無休

幅広いデザインとカラーで水着を展開

J サン・ロレンゾ・ビキニ
San Lorenzo Bikinis

色彩豊かでチャーミングなリゾート水着が女性のハートをがっちりつかむブランド。

MAP 付録P.9 C-3　　3階B

☎ 808-946-3200
🕐 11:00〜19:00（金・土曜は10:00〜20:00、日曜は10:00〜19:00）休 無休

実はレストランも優秀です♥

アラモアナセンターは買い物スポットだけでなく、グルメスポットも充実。なかでも人気の2軒を紹介します。

最上階からの景色に感動

K マリポサ
Mariposa

オリジナルの料理は独創的な美しさで、味にも定評がある。白が基調の上品な空間はリゾートらしさ満点。

個性派レシピのパスタがおいしいと評判

MAP 付録P.9 C-3　　4階B

☎ 808-951-3420 🕐 11:00〜18:30（月・火・日曜は〜16:30、金曜は〜19:00）
休 無休

地中海とイタリアンの融合

L ルシェロ
Ruscello

地中海とイタリアにインスパイアされた創作料理を提供するレストラン。開放的な店内は、くつろぐのにぴったり。

スターターのヘアルームトマト&ブラータチーズ$12.50

MAP 付録P.9 C-3　　3階A

☎ 808-953-6110
🕐 11:00〜20:00（日曜は〜19:00）
休 無休

ノードストロームの2階や4階のホオキパ・テラスには充電スポットがあります。携帯の電池が心配なときは利用しましょう。

贈られる人に心が伝わる
ハワイメイドのおみやげを

旅先で悩みがちなのがおみやげ選び。郷土愛を大切にするハワイには、
プライドと真心を織り交ぜた島産の優秀アイテムがたくさんそろいます。
高価でなくともアロハ・スピリットが込められたおみやげなら、きっと喜ばれるはず。

バス用ミネラル水
ハワイ島の海洋深層水を活用したエッセンシャル液$9.50。お風呂に注いで

**地元産マノア・
チョコレート**
ハワイ諸島各地のカカオ豆を厳選。小粋な
パッケージがまさにおみやげ向き$12(左)、
ハーフ$6(右)

地元アーティストのカード
ブラッドリー&リリーのミニカード。
各$3

ハワイ限定スヌーピー
さまざまな種類のステッカー各$4.50
(左)とリップバーム$5.50(右)

**ハワイな
ティータオル**
マンゴーやライチなどの
ハワイアンキルト柄を施し
たティータオル各$9

ボンボンショコラ
南国ならではの魅惑的なフレ
ーバーがそろい、ルックスもか
わいい高級チョコ各種$18〜

新しい香りのワイキキ・マーケット
ワイキキ・マーケットは、食品だけでなく生活雑貨が豊富。ハワイ産に特化したセクションもあり、その地元愛に好感がもてるうえ、おみやげに格好です。

B
ハワイアン柄の
お箸

島の身近な植物や花をデザインした鮮やかなお箸。5膳1セットで$14

A
キュート過ぎる
絆創膏

ケガをしてなくてもつい開けたくなるチャーミングさ。1箱3パターン柄入り$6

E
リミテッドの
ウォーター・ボトル

ワイキキ・マーケットでしか手に入らないオリジナルの限定ボトル各$39.99

コーヒー豆の
ボディスクラブ

砕いたハワイアンコーヒー豆の珍しいスクラブ$14〜。ポリネシア諸島の固有種イランイランで香り付け

B

手に取りたくなる小物たちがずらり

A レッド・パイナップル Red Pineapple

オーナーがアメリカ本土で買い付けた個性派雑貨やハワイメイド品がたくさん。ギフトに最適。

MAP 付録P.4 E-2　　カイムキ
所 1151 12th Ave.　図 12番通り沿い
☎ 808-593-2733　営 9:00〜17:00
休 無休

ヴィンテージ雑貨を探すならここ

B シュガーケイン Sugarcane

ハワイらしいシャビーシックな雑貨やオーナーが集めたヴィンテージアイテムがセンスよく並ぶ。

MAP 付録P.4 E-2　　カイムキ
所 1137 11th Ave. #101　図 11番通り沿い
☎ 808-739-2263　営 10:00〜16:00
休 無休

食べる宝石と呼ばれる上質チョコレート

C コホ KOHO

ハワイの島々からインスパイアされたエキゾチックなフレーバーのプレミアムショコラが美しい。

MAP 付録P.13 B-3　　ワイキキ
所 アウトリガー・ワイキキ・ビーチ・リゾート1階　☎ 808-966-8119
営 10:00〜21:00　休 無休

愛らしい日焼けスヌーピーが大好評

D モニ moni

Tシャツやバッグ、ステッカーなど、ハワイ限定の日焼けスヌーピーグッズで人気のショップ。

MAP 付録P.14 F-4　　ワイキキ
所 シェラトン・ワイキキ内　☎ 808-926-2525
営 10:00〜21:00
休 無休

ワイキキの中心部にあって便利さ120%

E ワイキキ・マーケット Waikiki Market

ハワイ産アイテムやデリが充実するほか、スーパーとは思えないスタイリッシュなダイナーも併設。

MAP 付録P.13 B-1　　ワイキキ
所 2380 Kuhio Ave.　図 ヒルトン・ガーデン・イン・ワイキキ・ビーチの並び
☎ 808-923-2022　営 6:00〜22:00　休 無休

ハワイらしい香りの石けんはいろいろな店に置いてあり、パッケージもかわいいものがたくさんあります。

自分へのハワイギフトは
手作りアイテムがおすすめです

おみやげにオリジナリティを求めるなら、ハンドメイドはいかがですか。
貝や砂を使ったハワイらしいアイテムは、旅の思い出にぴったりです。
短時間で簡単に作れるので、時間がなくても楽しめますよ。

雑貨やアクセを手作りできる
ハレハナ ワイキキ
Hale Hana Waikiki

ここで体験
しました

手作り体験教室とデザイナーズショッ
プを併設する工房。オリジナルのスノー
ドームやジェルキャンドル、ドリームキ
ャッチャーなどを作ることができる。作
品によっては、海で見つけた貝殻やシー
グラスといったマイ作品に使ってみた
い材料の持ち込みも可能。

MAP 付録P.14 E-2 　　　ワイキキ

㊐307 Lewers St. #202
㊋DFSワイキキからすぐ、牛角
の2階　㊗808-312-2021
㊶10:00~17:00（予約があれば
20:00まで営業）㊡日曜
㊫スノードーム$38~など

体験データ
所要時間：約1時間
料金：$95

幸せを運ぶ
サンライズシェルのネックレス

世界でひとつだけのネックレス作りにトライ。
貝の種類やパーツによって印象もがらりと変わる

SHELL
NECKLACE

2. 金具を付ける

貝にチェーンを通すため
のワイヤーをつける。や
り方は隣で教えてもらえ、
別の貝で練習もできる

白い小さなパールも
かわいい♪

1. 貝を選ぶ

白とオレンジのサンライズシ
ェルや黒みがかったムーンラ
イズシェルなどから選べる

3. チェーンとチャームを
付ける

チェーンと、パールやヒト
デなどのチャームを1つ
選んで付ける

サンドアートで作る ジェルキャンドル

ビーチを切り取ったようなキャンドルの完成。いくつか作って、並べて飾るのもかわいい

体験データ
所要時間：約1時間
料金：$38

GEL CANDLE

キャンドルの芯を立てて砂を入れる

中心にキャンドルの芯を立て、カラフルな砂を瓶に入れてサンドアートを作る

ハワイらしい香りを閉じ込めよう

3 ろう＆アロマオイルを入れる

ジェルのろうとアロマオイルを入れて固める。オイルも好きな種類を選べる

2 まわりに貝を入れる

貝殻やヒトデ、シーグラスなどを入れてデコレーション。自分でパーツを持ち込むことも可能

ここでも手作り体験ができますよ

レイメイキング

家族連れや女性に人気の無料レッスン。簡単な作業なので、花それぞれが持つ意味などを聞きながら、楽しんで体験できる。

ラウハラ編み

ハワイの伝統工芸、ラウハラのブレスレットなどを作れるプログラム。ベテランの先生が基本の編み方やテクニックをていねいに教えてくれる。

ロイヤル・ハワイアン・センター
Royal Hawaiian Center

MAP 付録P.14 F-3 　　ワイキキ

所 ロイヤル・ハワイアン・センターC館2階 ☎808-922-2299 圏 レイメイキングは金曜の11:00〜12:00、ラウハラ編みは水曜の11:00〜12:00 料 無料

ロイヤル・ハワイアン・センターには、無料のフラ ➡ P.26 やウクレレのレッスンも。詳細はHPでチェックしてみましょう。

ハワイの香りを
日本に持ち帰りませんか？

旅行が終わっても、ハワイを身近に感じていたいなら、
南国のフルーツや花の香りのキャンドル、スキンケア商品をおみやげに。
パイナップルやプルメリアの香りに包まれると、いつでもハワイを思い出せます。

Fruits

Pineapple

パイナップルのディフューザー $36〜はファンも多い B

Lilikoi

A ハワイ島発スキンケアブランド ua bodyのボディミスト $24

C アボカドのバターにリリコイが香るリップバーム $4.50

Mango

ボディクリーム $33。マンゴーネクターの甘い香りに癒やされる B

Guava

甘酸っぱいグアバにラベンダーをプラスしたバスソルト $10 A

Watermelon

量り売りの石けん $29.99/lb は見た目もキュート

⚫ P.36 ホールフーズ・マーケット クイーン

A メイドイン・ハワイ商品を幅広く展開
A ハウス・オブ・マナ・アップ
House of Mana Up

ハワイのローカル企業やデザイナーを支援するマナアップが運営しているショップ。70種以上のハワイブランドを取り扱い、家庭用品からアートまで豊富なラインアップ。

MAP 付録P.14 E-3　　　　ワイキキ
所 ロイヤル・ハワイアン・センター A館1階 ☎ 808-425-4028 営 10:00〜21:00 休 無休

B ハワイの植物の香りを満喫
B マリエ・オーガニクス
Mālie Organics

新作コレクションをはじめ、アンチエイジングなど全ラインがそろう。有機農法により育てられた植物を使用し、ハワイのエレガントな香りが楽しめるアイテムが多い。

MAP 付録P.13 A-3　　　　ワイキキ
所 ロイヤル ハワイアン ラグジュアリー コレクション リゾート内 ☎ 808-922-2216 営 10:00〜21:00 休 無休

天然由来のオイルなら

地元密着型で知られるダウントゥアース ➡ P.37には、ハワイ生まれの香りアイテムがたくさん。なかでもエッセンシャルオイルの品ぞろえ数は島内随一です。

Flower

Plumeria

南国の花の代表格がマイルドなオーガニック石けんに$7.69
➡ P.36 ホールフーズ・マーケット クイーン

Orchid

Plumeria

Hibiscus

ミストタイプのフェイシャルトナー$16は使いごこちさっぱり

A

モンキーポッドウッドのボウルがかわいい手作りキャンドル各$16

Pikake

ハワイアンオーキッドが高貴なオイル$13.50とバスボム$6.50。ブルーはローズ
➡ P.84 ラニカイ・バス＆ボディ

ハワイの香りのディフューザーも♪

「ソーハ・リビング」では、ハワイ産のエッセンシャルオイルで作られたディフューザーが人気。"カハラ"や"ラニカイ"など、場所をイメージした香りもあり、日本に帰ってからもハワイ気分を味わえる。

D

Puakenikeni

レイ用の黄色い花プアケニケニを使った芳香キャンドル$15
➡ P.43 レッド・パイナップル

カハラの香りイメージのディフューザー $56.80。プレゼントにもぴったり

自然派ソープとキャンドル

C アイランド・ソープ＆キャンドル・ワークス
Island Soap & Candle Works

植物から採れる天然オイルや自然素材を使った、手作りソープとキャンドルの専門店。香りやサイズはそれぞれ種類豊富にそろう。リップバームやバスソルトなども人気。

MAP 付録P.11 B-1　　ダウンタウン
所 1191 Bethel St.
交 ククイ・プラザ・モールの道向かい
☎ 808-591-0533
営 12:00〜16:00　休 月曜、土・日曜

ビーチをイメージした雑貨を展開

D ソーハ・リビング
SoHa Living

色や形が異なるシーシェルがディスプレイされた店内に、ハワイらしいデザインのインテリア用品や雑貨が並ぶ。ルームフレグランスも評判。リゾート色の濃いアイテムが魅力。

MAP 付録P.4 F-2　　カハラ
所 カハラモール内
☎ 808-591-9777
営 10:00〜21:00（日曜は〜18:00）
休 無休

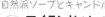

ソーハ・リビングにはハイセンスな雑貨がそろっています。ワンランク上のおみやげ探しにもぴったりです。

味重視なら、星付きホテルの パンケーキがおすすめです

今やパンケーキはハワイの名物といえるほどの位置づけ。
クオリティを求めるなら一流ホテル自慢の味はいかがでしょう?
それぞれにこだわりが冴え、味わってみると違いがわかります。

menu
リコッタ・バナナ・
パンケーキ
$19
パンケーキにはリコッタチーズが練り込まれ、絶妙な甘さ

ハレクラニ

menu
シン・パンケーキ
$18
メープルバターソースの甘い風味がたまらない一品

ザ・カハラ・ホテル

menu
バナナ・マック・
パンケーキ
$18.50
バナナ入りの名物メニュー。シンプルに見えてこだわり大

アウトリガー・ワイキキ・ビーチ・リゾート

海まですぐの絶景を望むレストラン
オーキッズ
Orchids

ビーチやダイヤモンド・ヘッドの眺めはもちろん、地元食材を使った料理の完成度の高さが魅力。

MAP 付録P.14 E-4　　　　ワイキキ
所 ハレクラニ1階
℡ 808-923-2311
営 7:00～10:30、11:30～13:30、17:30～21:00（日曜はブランチ9:00～14:30）
休 無休

名門ホテルで優雅にビュッフェを
プルメリア・ビーチハウス
Plumeria Beach House

海を望みながら、朝食ビュッフェを食べられる。名物の薄焼きパンケーキは何度もリピートしたい味。

MAP 付録P.4 F-2　　　　カハラ
所 ザ・カハラ・ホテル&リゾートロビー階下
℡ 808-739-8760
営 6:30～11:00、11:00～14:00、17:30～20:30
休 無休

ビーチに臨む見事なロケーション
フラ・グリル・ワイキキ
Hula GRILL WAIKIKI

ハワイアン料理を昇華させた幅広いメニューが楽しめるダイナー。テラス席横に広がる海の眺めもごちそう。

MAP 付録P.13 B-3　　　　ワイキキ
所 アウトリガー・ワイキキ・ビーチ・リゾート2階
℡ 808-923-4852
営 7:00～15:00、16:45～22:30
休 無休

おすすめパンケーキはまだあります
シェラトン・ワイキキ内にあるカイ・マーケット **MAP** 付録P.14 F-4のバターミルク・パンケーキもおいしいと評判。伝統のスタイルを守り、もちふわ度が究極です。

menu
ピンクパレス・パンケーキ
$27
小ぶりのピンク色の生地が積み上げられた上品なパンケーキ

ロイヤル ハワイアン

menu
モアナ・ビューティフル・マンゴーパンケーキ
$34
マンゴーとグラノーラ、リリコイクリームの相性が絶品

モアナ サーフライダー

ユニークなパンケーキも増えてます

ココナツの殻の炭パンケーキ♡

ココナッツシェルの炭を使ったチャコールパンケーキ$17。朝食限定のメニュー。

黒いパンケーキにびっくり
バサルト Basalt

MAP 付録P.13 A-1　　　　ワイキキ

所 デュークス・レーン・マーケット＆イータリー内 ☎808-923-5689 営8:00〜13:00（土・日曜は7:00〜13:30）、15:00〜17:00（ハッピーアワー）、17:00〜21:00 休無休（朝食・ブランチは水曜日）

紅山いもの紫パンケーキ♡

UBEパンケーキ$14.50。ソースは紅山いもにココナツを合わせた絶妙な仕上げ。

看板メニューはマストで注文
ヨーグル・ストーリー Yogur Story

MAP 付録P.9 C-2　　　　アラモアナ

所 745 Keeaumoku St. #105 交入口はリークロフト通り沿い ☎808-942-0505 営7:00〜15:30 休無休

キュートなピンクパラソルが目印
サーフ ラナイ
Surf Lanai

ビーチフロントにあるカフェレストラン。名物のピンクパレス・パンケーキは朝食ビュッフェでも食べられる。

MAP 付録P.13 A-3　　　　ワイキキ

所 ロイヤル ハワイアン ラグジュアリー コレクション リゾート1階 ☎808-921-4600 営6:30〜10:30 休無休

テラス席でのんびり優雅に
ザ・ベランダ
The Veranda

目の前に海が広がるオープンエアのレストラン。朝食はビュッフェのほか、アラカルトを用意している。

MAP 付録P.13 B-3　　　　ワイキキ

所 モアナ サーフライダー ウェスティン リゾート＆スパ1階 ☎808-931-8646 営6:00〜10:30、金〜日曜の11:30〜14:30 休無休

プルメリア・ビーチハウスの薄焼きパンケーキのパンケーキミックスはホテル内のシグネチャー・バイ・ザ・カハラで購入できます。

思わず写真におさめたくなる
カラフル＆キュートな一皿

野菜やフルーツをふんだんに使った一皿は彩り鮮やかで、
見ているだけでも心がうきうきしてきます。
「いただきます」の前に、写真を撮るのを忘れずに。

Food

リコッタ・
トースト $12
自然な甘みのリ
コッタと3種のベ
リー、はちみつが
好相性

グーフィー・ハワイアン・
オムレツ $19.50
スキレットであつあつのまま提
供。マフィンやサラダー、フルー
ツからサイドをチョイス

ローカル・
パパイヤ・
サラダ $18
ハワイ産のパパ
イヤやケールを
盛り込んだシグ
ネチャーの逸品

ロックス・オブ・ベーグル・
サンドイッチ $18.95
＋$1でタロいもベー
グルにするとこんなに
色鮮やかでヘルシー

花をあしらったフードがキュート

A アーヴォ
ARVO

どこを切り取っても絵
になるおしゃれカフェ。
繊細でチャーミングな
ヘルシーフードが美味。

MAP P.28/付録P.10 D-4　　カカアコ

所 ソルト内 📞808-312-3979
営 8:00〜14:00 休 無休

ハワイ産食材を使うカフェ

B グーフィー・カフェ＋ダイン
Goofy Cafe + Dine

ハワイ各地から上質食
材を調達。独創的でス
タイリッシュな今どき
メニューが楽しめる。

MAP 付録P.8 F-3　　ワイキキ

所 1831 Ala Moana Blvd., ＃ 201
交 アラモアナ通り沿い 📞808-943-0077
営 7:00〜14:00、17:00〜21:00 休 無休

ぜひ黄昏の時間に訪れたい

C クイーンズブレイク
QUEENSBREAK

地産食材にこだわり、
カジュアルながらも洗
練された味を供するプ
ールサイドダイナー。

MAP 付録P.12 E-2　　ワイキキ

所 ワイキキ・ビーチ・マリオット・リゾート＆
スパ3階 📞808-922-6611
営 11:00〜22:00（バーは〜23:00）休 無休

グーフィーの隠れ人気メニュー

グーフィー・カフェ＋ダインのおすすめメニューのひとつが、ランチタイム限定のスイートコーン・フライドライス$17。カフク特産の甘いコーンが絶品です。

Sweets

シェイヴド・アサイ・ボウル $16
削り氷状のアサイの食感が楽しい。暑い日のハワイにぴったり

スムージー $9.75〜
リリコイやハウピア、野菜など新鮮食材をブレンドした色とりどりのスムージー

ジェラート $5.75〜
ユニコーンフードとカラフルアイスの組み合わせでこんなにジェニック

リス・ムーア $12
アサイフレーバーをハーフでミックス。パパイアやキヌアもトッピング

ロコに評判のジェラート店
D ヴィア・ジェラート
Via Gelato

多彩なジェラートはもちろん、コーンも手作り。アイスクリームサンドイッチも大好評。

MAP 付録P.4 E-2　　カイムキ
㊟ 1142 12th Ave. 図 12番通り沿い
☎ 808-732-2800
営 11:00〜22:00（金・土曜は〜23:00）
休 無休

ハワイらしいスイーツに注目
E バナン
Banán

ハワイ産のバナナそのものをソフトクリームに仕上げた植物性のフローズンスイーツ。
MAP 付録P.14 F-3　　ワイキキ
㊟ ロイヤル・ハワイアン・センター C館1階
☎ 808-200-1640 営 9:00〜20:00
休 無休

コナ・コーヒーやアサイボウルで有名
F アイランド・ヴィンテージ・コーヒー
Island Vintage Coffee

開店直後から多くの人が訪れるダイニングカフェ。コーヒーはもとより、フードメニューも充実。

MAP 付録P.14 F-3　　ワイキキ
㊟ ロイヤル・ハワイアン・センター C館2階
☎ 808-926-5662 営 6:00〜23:00
休 無休

アーヴォのタイダイラテは、緑や青などの鮮やかなラテアートが施され、見ているだけで心がほころぶ一品です。

何度だって食べたくなる
老舗の素朴なおやつたち

トレンドの移り変わりが早く、新旧の店の入れ替わりが激しいハワイ。
そのなかで何十年も営業しているお店は、人気店のあかしです。
今日も、変わらない味を求めてロコがお店にやってきます。

ココパフ
各$2.19〜

コロンとかわいいココパフで有名
リリハ・ベーカリー Liliha Bakery

ベーカリーのガラスケースには、パンやスイーツがずらり。奥にあるレストランでは、ロコモコやパンケーキなど、昔ながらのメニューを提供している。

MAP 付録P.5 B-3 　　　　リリハ
㊟ 515 N. Kuakini St.
🚗 ノース・クアキニ通り沿い
☎ 808-531-1651
🕐 6:00〜22:00
㊡ 無休

1 店の看板メニューでもあるココパフは、シュー生地のミニスイーツ。カスタードやチョコレートなどがある **2** さまざまな種類のお菓子を販売。毎日地元客や観光客で行列ができる

Store History
1950年に創業。店内で焼き上げるパンやお菓子は、何十年も同店で働く熟練の職人がていねいに作り上げ、ロコに愛されている。

アットホームな和菓子店
ニッショードー・キャンディ・ストア Nisshodo Candy Store

イウィレイにある、落雁や最中などの和菓子を提供している店。名物のチチダンゴは、昼すぎには売り切れてしまうベストセラー商品。午前中に訪れるのがベター。

MAP 付録P.5 A-3 　　　　カリヒ
㊟ 1095 Dillingham Blvd. #109
🚗 ディリンハム道路沿い、ブリック・オーブン・ピザの東裏 ☎ 808-847-1244
🕐 7:00〜14:00
㊡ 日曜

チチダンゴ
各$11/lb〜

Store History
約100年前に創業された古店。オーナーの祖父は日系一世で、広島で修業をしていた和菓子職人。その伝統と技を受け継ぎ、和菓子を作り続けている。

1 チチダンゴ（手前）とは、ココナツミルクが入っているやわらかい求肥餅のこと。まんじゅうなどもある **2** 温かい雰囲気に癒される家族経営の店。隣接する工場でお菓子を作っている

マラサダはポルトガルが発祥

ハワイの人気スイーツ、マラサダはポルトガルのお菓子で、移民によってハワイに伝わったそうです。カパフル通りのレナーズ・ベーカリー **MAP** 付録P.4 E-3 が有名です。

自家製アズキ・モチ・ボウル $7

1たっぷりとのせた自家製アズキの上に練乳がとろり。トッピングの餅がアイスと絶妙にマッチしている 2子どもたちに人気のカラフルなレインボー $3〜

懐かし系のハワイアンかき氷

ワイオラ・シェイヴ・アイス Waiola Shave Ice

静かな住宅街にあるシェイヴ・アイスの有名店。氷が細かく、舌ざわりもなめらかなのが特徴。レインボーやアズキボウルなど、さまざまな味が楽しめる。

MAP 付録P.4 E-3　　　カイムキ

所 2135 Waiola St.
交 ワイオラ通り沿い
電 808-949-2269
営 11:00〜18:00（日によって異なる）
休 無休

Store History

1940年の創業以来、地元客から根強い人気を集める。オバマ前大統領が子ども時代に通っていた店で、名前を冠したメニューもある。

客足が途絶えない人気店

カメハメハ・ベーカリー Kamehameha Bakery

紫色が特徴的なポイ・グレーズド・マラサダで有名な店。同じく紫色のパン、ポイ・ハウピアは甘さひかえめのクリームでロコからも人気。朝食にも最適。

MAP 付録P.5 A-3　　　カリヒ

所 1284 Kalani St.
交 シティ・スクエア・ショッピング・センター内
電 808-845-5831
営 2:00〜16:00（土・日曜は3:00〜）
休 無休

Store History

40年以上営業を続ける名店。オーナーが試行錯誤のうえ考案した、オリジナルレシピで作られるマラサダが看板メニュー。

マラサダ 各 $1.15〜

1上からストロベリー、オレンジ。いちばん下がポイ・グレーズド。ほかにアップル味もある 2早朝から客が訪れる 3マラサダは午前中に売り切れることも

リリハ・ベーカリー 2号店 **MAP** 付録P.5 A-3は本店より広く、席数も多いのでゆったりと食事ができます。

いま気になるホノルルの過ごし方／老舗のおやつたち

KCCファーマーズ・マーケットは早起きして行きましょう

ハワイ最大規模のKCCファーマーズ・マーケットには、
地元産の野菜やフルーツなど、ハワイならではのアイテムが集まっています。
早朝に訪れて、人気グルメや買い物を楽しみましょう。

ロコも朝食を買いに訪れ、つねに多くの人でにぎわう

土曜7時30分〜11時に
開催してます

毎週にぎわう大人気マーケット

KCCサタデー・ファーマーズ・マーケット
KCC Saturday Farmers' Market

100近くのベンダーが出店するオアフ島最大の青空市場。ファーム直送の新鮮なフルーツや名物グルメの屋台がずらりと並び、食べ歩きが楽しい。行列必至の屋台も数多く、かなり混み合うため、早めの到着を。

MAP 付録P.4 F-3　ダイヤモンド・ヘッド
⌂ 4303 Diamond Head Rd. 図ダイヤモンド・ヘッド登山入口手前、カピオラニ・コミュニティ・カレッジ内。ワイキキからザ・バス2・2L・23番で約15分。またはワイキキトロリー・グリーンラインを利用（土曜午前のみ）☎ 808-848-2074

How to enjoy

早めに到着しましょう

人気のメニューを確実に食べたいなら、オープンと同時に駆け込もう。雰囲気を楽しむだけなら、10時以降がおすすめ。

マップをもらって出発！

入口付近のカウンターでは、ベンダーの位置が書かれた詳細マップを配布している。目的の店をチェックしよう。

ハワイならではの色とりどりの花を販売するショップも

産地直送の
フルーツがおすすめ！

花屋さんにも
立ち寄ってみて！

南国フルーツからはちみつまで、フードもみやげもさまざま

芝生エリアで
ピクニック♡

マーケットは
オアフ島各地で
やってます

火	KCCチューズデー・ナイト・マーケット (16:00〜19:00@カピオラニ・コミュニティ・カレッジ内) **MAP**付録P.4 F-3
水	ホノルル・ファーマーズ・マーケット (16:00〜19:00@ニール S.ブレイズデル・センター駐車場) **MAP**付録P.10 E-2
月 水	ワイキキ ファーマーズ マーケット (16:00〜20:00@ハイアット リージェンシー ワイキキ ビーチ リゾート&スパ内) **MAP**付録P.13 C-2
土	カカアコ・ファーマーズ・マーケット (8:00〜12:00@旧ワード・ウェアハウス跡地) **MAP**P.28/付録P.10 E-4
日	カイルア・タウン・ファーマーズ・マーケット (8:00〜12:00@アドベンティスト病院前のヘンリー・ロング駐車場脇) **MAP**付録P.2 D-3

人気屋台のフードを食べ比べ 🍴

TASTES GOOD

ククイ・ソーセージの
キング・コング・ホットドッグ $12

6オンスの大きなソーセージが迫力満点。9種の手作りソーセージを用意

ブレンデッドの
マナボウル $6〜

ハワイ産のスピルリナやアガベ、ココナツミルクがヘルシーな人気No.1ボウル

YUMMY

ビッグ・アイランド・
アバロニの焼きアワビ
$10〜

ハワイ島で育つ名物アワビ。ガーリックバターやみそソースの追加でさらに美味

GRILLED ABALONE <SMALL>
YOU CAN CHOOSE 2 FLAVORS!
GARLIC BUTTER / GINGER SAUCE / MISO GARLIC

アロハ・ワサビの
ガーリック・シュリンプ $14

本場ノースショアのぷりぷりエビが絶品。アヒやサーモンのポケボウルもある

ハワイ産のおみやげも買いましょ♪

アイカネ・プランテーション・
コーヒーのカウ・コーヒー

ハワイ島マウナロア山の高地で栽培。独特の香りと甘みが$19〜

ハッピー・ケークスの
パイナップルケーキ

ミニサイズのケーキ $10〜。
ハワイ産マカダミアナッツ入り

リトル・ハンズの
サンスクリーン

サンゴ礁に無害なミネラル成分の日焼け止め。各種$15〜

KCCファーマーズ・マーケットは、火曜の16時からも開催しています。土曜より店舗は少ないですが、ゆっくり買い物できますよ。

本格コナ・コーヒーとスイーツで
ひと息つきませんか？

せっかくハワイに来たのなら、ハワイ島産の本格コナ・コーヒーは見逃せません。
体験施設でハワイのコーヒーについて学んだり、
こだわりの一杯とおいしいスイーツでひと息つくのもいいですね。

COFFEE 体験型施設へ行ってみましょう

コーヒーのことを深く学べる

ホノルル・コーヒー・
エクスペリエンス・センター
Honolulu Coffee Experience Center

コナ・コーヒーの歴史にまつわる展示物や工程別にコーヒー焙煎を見学できる施設。カフェでは、ランチやスイーツなどのメニューも楽しめる。ギフトショップを併設。

MAP 付録P.8 E-2　　　マッカリー

所 1800 Kalakaua Ave.
交 アラモアナセンターから徒歩約15分。またはワイキキトロリー・レッドラインを利用
電 808-202-2562　営 6:30〜16:30　休 無休

コーヒー焙煎の様子が見られます
店内中央にある焙煎機で、熟練の職人によってローストされる

カッピングにTryしましょう
カッピングとは、豆の品質や香り、味の違いなどを比べるテイスティングのこと。カッピング体験は木曜の13時から催行され、参加費は無料。

スイーツ
香り高いコーヒーにぴったりのケーキやクッキー、ペイストリーも店内で手作りされている

こだわりCOFFEE
こだわりの豆を使ったラテは$6.05〜。ラテアートもチャーミング

カフェでコーヒータイム♪
店内では、コーヒーとともに自家製のスイーツや軽食も食べられる

56

カウ・コーヒーも人気です

近年、ハワイ島のカウ地区で育てられたカウ・コーヒーも人気。コナ・コーヒーほど酸味が強くなく、すっきりとした味わい。KCCサタデー・ファーマーズ・マーケット ➡P.54などで購入できます。

☕ COFFEE 本格コーヒーはここでも飲めます

フレンチプレスで抽出されるコーヒーは、風味豊かでぜいたくな一杯。ハウスブレンドのホットコーヒーほか、水出しアイスコーヒーもおすすめ

> スイーツ
> バナナといちごでデコレートされたフルーツワッフル $14.95

> こだわりCOFFEE
> ハワイ産の豆をブレンドしたコーヒー $4.45〜は深い味わいで人気が高い

> こだわりCOFFEE
> こだわりのコーヒー豆を使ったラテ $6〜。ラテアートもOK

> ペイストリー
> バターがジュワッとあふれるクイニーアマン $6.75〜

焙煎師が一杯一杯ていねいに淹れてくれたコーヒーは格別。クラシックな雰囲気の店内で、優雅なひとときを過ごして

本格コーヒーを気軽に楽しめる

アイランド・ブリュー・コーヒー・ハウス
Island Brew Coffeehouse

100%ハワイ産にこだわったコーヒーが飲める、人気コーヒーショップのアラモアナ店。アサイボウルやミニワッフルなどのスイーツメニューも充実している。

MAP 付録P.9 C-3　　　　アラモアナ

所 アラモアナセンター 3階A
☎ 808-944-3788
営 7:30〜20:00（日曜は8:00〜18:00）
休 無休

実力派ロースターによる魅惑のコーヒー

コナ・コーヒー・パーベイヤーズ／ビー・パティスリー
KONA COFFEE PURVEYORS / b.patisserie

焙煎工場を持つコーヒー会社が運営するエレガントなカフェ。3種のコナ・コーヒーを日替わりで淹れており、ペイストリーとともに楽しめる。とくにクイニーアマンはオアフ島一と評判。

MAP 付録P.13 B-1　　　　ワイキキ

所 インターナショナル マーケットプレイス
1階 ☎ 808-450-2364
営 7:00〜16:00
休 無休

アイランド・ブリュー・コーヒー・ハウスはハワイ・カイ店 **MAP** 付録P.2 E-4もあります。ココヘッドを一望するテラスがおすすめです。

特別な日のレストランは
気分があがる空間で

アニバーサリーや旅の最終日は、思い出に残る時間を約束してくれるダイナーへ。
海に臨むテラス席や歴史ある建造物など、
味はもちろん雰囲気も抜群の人気店をリザーブしませんか?

波の音を聞きながら
ショーを楽しんで

一流ホテルのオンザビーチで

フラショー&カクテルでハワイ気分が高まる

ハウス ウィズアウト ア キー
House Without A Key

1925年に書かれた小説にも登場した、由緒ある海沿いのレストラン。夕暮れどきになると、海をバックに一流ダンサーのフラショーが行なわれる。

MAP 付録P.14 E-4　　　　　　　　　　ワイキキ

所ハレクラニ1階　☎808-923-2311
営7:00〜10:30、11:30〜17:00、17:00〜21:00(フラショーは18:00〜20:00)
休 無休

1フラファンおなじみのカノエ・ミラーさんほか、歴代のミスハワイが登場 2マイタイなどのカクテルから、サラダやスープ、メインディッシュまで充実 3開放感あるテラス席でショーや食事を堪能

美しいハウツリーの木陰で

海を眺めながら自慢のエッグベネディクトを

ハウ・ツリー
Hau Tree

樹齢200年以上を誇るハウツリーの下で食事が楽しめるレストランは、海が目の前という最高のロケーション。名物メニューのエッグベネディクトは4種を用意。

MAP 付録P.4 E-4　　　　　　　　　　ワイキキ

所2863 Kalakaua Ave.
交カイマナ・ビーチ・ホテル1階　☎808-921-7066
営8:00〜17:00(13:30以降はバータイム)、17:00〜22:00(21:00以降はバータイム)　休 無休

1巨大なハウツリーの木陰から海を望むスペシャルな空間
21日かけて仕込むソースが味わい深いエッグベネディクト$27
3創意工夫のある料理が多彩にそろう

涼しげな木陰で
ぜいたくな時間を

「ハレクラニ」のレストラン

オアフ島随一の高級ホテル、ハレクラニにあるハウス ウィズアウト ア キーやオーキッズ ➡ P.48は、朝食もおすすめ。宿泊しなくても優雅な雰囲気を堪能できます。

歴史を感じる建物で

歴史ある建物内でクラシカルな時間を

カフェ・ジュリア
Cafe Julia

オリジナリティが光る地産地消の料理を楽しむ瀟洒な人気レストラン。品のいいレトロなインテリアや中庭のテラス席も魅力的。

MAP 付録P.11 B-2　　　　ダウンタウン

🏠 1040 Richards St.
🚌 イオラニ宮殿の隣、YWCA内
📞 808-533-3334　🕐 11:00～14:00
🚫 土・日曜

歴史的でエレガントなカフェ

1建築家ジュリア・モーガンが1927年に建てた歴史的建造物を改装 2トルティーヤが絶品。アヒ・ポケ・タコス$17～ 3緑があふれる隠れ家的レストラン

テラスのソファー席で絶景を堪能して

絶景を望む展望レストランで

テラスシートはまるで空中庭園

スカイ・ワイキキ
SKY Waikiki

ワイキキの街を見晴らす絶景ビュー。各地から取り寄せたオイスターや刺身など新鮮なシーフードと多彩なカクテルで乾杯を。

MAP 付録P.13 A-2　　　　ワイキキ

🏠 2270 Kalakaua Ave.
🚌 ワイキキ・ビジネス・プラザ19階　📞 808-979-7590
🕐 16:00～22:00（金・土曜は～24:00、毎日17:00までハッピーアワー、土・日曜のみ10:00～14:00も営業）
🚫 無休

1まるで空中庭園のようなテラス席 2シェアするならロブスター入りシーフードプラッター$100～に刺身の追加がおすすめ

ワイキキ・ビーチ沿いにある絶景レストランは昼もいいけれど、サンセットタイムが最高です。

味も雰囲気も優秀な
ニューフェイスが増えてます

ハワイのなかでもとくにグルメ事情のアップデートが早いホノルルは、
常に新しいダイニングが登場し、おいしいものに事欠きません。
いつもよりちょっと優雅に過ごせる大人な新店はこちらです。

1 サンフランシスコ名物のサワードウと厳選したサーモンが好相性のタルティーヌ$32 2 チアシードやブルーベリーのコンポートと味わうヨーグルトパフェ$13 3 オーガニックミルクの抹茶ラテ$11 4 ローカル料理のロコモコをスタイリッシュに。風味豊かなハマクアマッシュルームのグレービーで$32

ワンランク上の時間を過ごしたいときに

ウミ・バイ・ヴィクラムガーグ
UMI by Vikram Garg

ハレクラニでエグゼクティブシェフを務めていたヴィクラム氏が手がけるハイエンドなダイニング。味はもちろん、その美しさが見事で、料理はどれも洗練された逸品ばかり。シェフの目利きが冴えるアワビや帆立、サーモンなど海の幸料理はとくに評判高い。

MAP 付録P.14 F-3　　　　　ワイキキ

所 ハレプナ・ワイキキ・バイ・ハレクラニ1階　📞 808-744-4244
営 7:00〜11:00、17:30〜22:00　休 月・火曜のディナー

> ラム・ココナツのマイタイ・パンケーキも人気です

ちょっと気になるダイナーが

ワイキキ・マーケット➡P.43の2階にあるおしゃれダイニング, オリリはレッド・フィッシュの姉妹店。さすがに工夫を凝らしたユニークな料理がそろっています。

前もっての予約がベターです

手の込んだ味わい深い地中海料理

イスタンブール・ハワイ
Istanbul Hawaii

エスニック料理ブームが再加熱しているホノルルで、その花形ともいえるのがここ。地中海料理の分野でも古くから定評あるトルコの食文化を昇華させ、見事なプレゼンテーションで工夫した独自の味わいを供している。

MAP 付録P.9 A-4　　ワード

🏠 1108 Auahi St. #152
📍 アナハ内
📞 808-772-4440
🕐 11:00〜14:30, 17:00〜21:00
（金・土曜は〜21:30）
📅 月・火曜

[1]本日の魚料理（時価）。この日はオパカパカ（姫鯛）をピスタチオとパセリのソースで [2]ひよこ豆のフムスがおいしい前菜の盛り合わせ$35 [3]デザートにはトルコの伝統的なバクラヴァがおすすめ$15

いま気になるホノルルの過ごし方／味も雰囲気も優秀なニューフェイス

名物のポケボウルはマストイート

レッドフィッシュ・ワイキキ
Redfish Waikiki

数々のグルメアワードを総なめにしたポケで有名なダイナーの2号店。バーが併設されたスタイリッシュな空間で、ポケボウルはもちろん、多彩な料理とカクテルが楽しめる。

MAP 付録P.7 C-2　　ワイキキ

🏠 2375 Ala Wai Blvd.
📍 ウェイファインダー・ワイキキ1階
📞 808-921-3220　🕐 6:00〜22:00
📅 無休

1日2回（14時〜と20時〜）実施されるハッピーアワーも見逃さないで

[1]ボウルはポケのチョイス1種$17、2種$22。写真は選べるポケに錦糸卵やアボガドを盛り込んだライジングサン$25 [2]バーでは日本酒や焼酎も用意している [3]トロピカルフルーツとヨーグルト$12などオールデイダイニングならではのメニューも [4]注目ホテルの1階にある

ウミ・パイ・ヴィクラムガーグはシグネチャー料理を少しずつ盛り込んだ3種のテイスティングコースもおすすめです。

おしゃべりが思わず弾む
カジュアルBarはこちらです

せっかくのバケーション、ハワイの夜をお酒とともに楽しみたいときは、
アクセス至便で品のいい気軽なバーがおすすめです。
こだわりのププ（おつまみ）も楽しみながら、おしゃべりに花を咲かせましょう。

ディスペンサーから好みのワインを好みの量だけ注いで

こだわりのワインと料理に舌鼓を

アイランド・ヴィンテージ・ワインバー
Island Vintage Wine Bar

世界各地から集めた高品質なワインをはじめ、地ビールやカクテルも豊富。ワインとのマリアージュに感動するププやアロハな料理を多彩に用意している。みずみずしい中庭の緑が目にやさしい。

MAP 付録P.14 F-3　　ワイキキ

所 ロイヤル・ハワイアン・センター C館2階 ☎ 808-799-9463 営 7:00〜22:00（15:30以降はディナーメニューでの提供、アイランド・ヴィンテージ・コーヒーのメニューも終日注文可）休 無休

ワイン
Wine

ロイヤルハワイアンホテルの中庭に茂る豊かな緑に臨む

ワインにもカクテルにも合うスモークドアヒディップ $8

ププ
Pupu

アメリカ産はもちろん、飲みやすいイタリア産やフランス産もそろう

Best Pairings

地元メイドのブラータチーズ $29〜はぜひ味わいたい逸品

人気No.1のチーズ&シャルキュトリー $45はシェアで。フルーツもたっぷり

デザイナーズホテルの代表格
ハイドアウトが入るザ・レイロウ・ワイキキ・オートグラフ・コレクション ➡ P.64は、客室をはじめ、アメニティやスイーツまでおしゃれデザインを施したホテルです。

カクテル
Cocktail

1
2

ププ
Pupu

Best Pairings

3

1 バーの代名詞ともいえるロイヤルマイタイ$21 **2** オールドラムをベースにココナツクリームで仕上げたピンクパレス$18 **3** スパイシーなアヒポケをタロイモのチップスと味わうダイナマイト・ディップ$25

カクテル
Cocktail

繊細な仕掛けが映える色とりどりのカクテルが美味。各種$18〜

ププ
Pupu

Best Pairings

ポケとアボカドをマンゴー・サルサで和えたワンタン・ポケ・タコス$20

ワイキキ・ビーチが目の前に広がる最高の立地が魅力

海を眺めながら名物のマイタイを味わう

マイタイ バー
Mai Tai Bar

50年以上の歴史をもつビーチサイドのバー。全席オープンエアの開放的な空間で、ハワイアン・ミュージックの生演奏も行なわれる。開催日時はHPを要確認。

MAP 付録P.13 A-3　　　　　　　　　　ワイキキ

所 ロイヤル ハワイアン ラグジュアリー コレクション リゾート内 ☎808-923-7311 営11:00〜23:00 (L.O21:45、ドリンクはL.O22:45) 休無休

リゾート感あふれる空間でとっておきの時間を

流行に敏感なおしゃれロコたちのお気に入り

ハイドアウト
HIDEOUT

「隠れ家」というネーミングに似合う静かな空気感が魅力。ハワイ食材に各国のテイストを融合させたパシフィック・リム料理やこだわりの美しいカクテルが高評価。

MAP 付録P.13 A-1　　　　　　　　　　ワイキキ

所 ザ・レイロウ・ワイキキ・オートグラフ・コレクション内 ☎808-628-3060 営6:00〜22:00 (金・土曜はバー営業のみ〜24:00) 休無休

いま気になるホノルルの過ごし方／カジュアルBarはこちらです

比較的治安がいいといわれるハワイですが、夜の外出は油断禁物。羽目をはずしすぎないように、安全を心がけましょう。

ワイキキにステイするなら
デザイナーズホテルがおすすめです

すてきホテルがたくさんあるワイキキで、チョイスに迷ったときは
おしゃれ女子の心をくすぐる小粋なデザインホテルはいかがでしょう。
家具のセレクションや小物づかいはインテリアの参考にもなります。

`\ROOM/`

ウェルカム・
バスケットも個性的

部屋のすべてが
おしゃれ

`\POOL/`

`/LOBBY\`

1客室にはレイロウのシグネチャーデザインで
あるモンステラ柄の壁紙が。ほかのホテルでは
味わえない独自のテイストが際立つ空間 **2**サ
イドにカバナの付いたプール **3**木陰にいるよ
うな雰囲気のロビー。爽やかな風が吹き抜ける
4ダイニング併設のコーヒーバーも便利

フォトジェニックなコンセプトホテル
ザ・レイロウ・ワイキキ・オートグラフ・コレクション
The LAYLOW Waikiki Autograph Collection

レイロウは「隠れ家」という意味。その名のとおりワイ
キキの中心部にありながらも、静かに暮らすような滞
在ができる。1950～60年代のハワイを感じさせる内
装で、緻密なデザインが施されているのも魅力。

MAP 付録P.13 A-1 　　　　　　　　　　ワイキキ

所 2299 Kuhio Ave. 交 クヒオ通り沿い、丸亀製麺の向かい
☎ 808-922-6600 料 Ⓣ $254～

`\SHOPで/`
オリジナルアイテムもチェック!

プールサイドのショップでは、ホ
テルのアメニティや、オリジナル
デザインのモンステラ柄を生かし
たアイテムなども購入できる。

レイロウは買い物の拠点に最適

レイロウの隣にはブランドを安く買えるノードストローム・ラック **MAP** 付録**P.13 A-1**やショッピングセンターのインターナショナル マーケットプレイス ➡ **P.23**があって便利です。

\POOL/

日焼け止めのサービスが！

1「Wish You Were Here!」の文字が印象的なプール。上階から撮るのも◎
2ベッドのヘッドボードには「トリ・リチャード」のヴィンテージ生地を使用

\ROOM/

\LOBBY/

3ロコアーティストの作品を施した個性的な内装が好印象
4インテリアには、タイルを除いてすべてハワイの素材が用いられている

アメニティはこだわり原料のオリジナル

懐かしさを感じるブティックホテル

ザ・サーフジャック・ホテル&スイム・クラブ
The Surfjack Hotel & Swim Club

アイコニックなプールで有名なブティックホテル。地元アーティストの作品をインテリアに取り入れ、1960年代のオールドハワイとサーフカルチャーを意識した空間造り。ホテル内には人気ダイニング「マヒナ&サンズ」も。

MAP 付録**P.14 E-1**　　　　　　　　　　ワイキキ
所 412 Lewers St. 交 ルワーズ通り沿い 電 808-923-8882
料 ⑤①$187〜

\CHECK/
ハイセンスなコラボカフェ

カカアコで人気のおしゃれカフェ、ARVO ➡ **P.50**が同居（7:00〜14:00)。シンボリックなプールの隣にあり、ここだけのリミテッドなドリンクも用意している。

サーフジャック内のマヒナ&サンズは海鮮料理が美味。毎晩6時30分からライブ演奏も実施しています。

My favorite

ハワイ My フェイバリット

おかえりなさい！
DFS ワイキキがリニューアルオープン

しばらくクローズしていたワイキキのシンボルが復活。
全面リニューアルされた潤い感のある内装がハワイによく似合い、
また同時に入店ブランドもグレードアップしています。
お得なプライスで入手できるリミテッド商品を探しに行きましょう。

シンプルでスマートな
デザインが特徴的な
トリー・バーチは
いつも働く女性の味方

使い勝手のいいブロックトート。もちろん免税価格で！

名高いダウンジャケット以外に南国ハワイで活躍するサマーラインも扱う

MONCLERのトレーナー $635

ハワイ感ある空間造りもすてき

2024年5月現在は1階のみの営業。2025年以降に2階エリアもオープン予定

ブランドストリートはDFSの代名詞。日本でも名の通った一流ブランドがずらりと並ぶ

オリジナルコーヒー $24〜

ビーン・アバウト・タウン自慢のブレンド。おしゃれなパッケージがおみやげ向き

Hawaiian Hostのマカダミアナッツ・チョコがスヌーピーのパッケージに

エスティローダーの限定セット $344

DFSでしか購入できない断然お得なエクスクルーシブ

スヌーピーのチョコレート $14

DFS ワイキキ DFS Waikiki

ワイキキのランドマークとして有名なハワイ最大の免税店。アパレルやコスメはもちろん、アルコールや雑貨にいたるまでアイテムの種類も数も幅広いラインナップ。100以上の世界的ブランド商品をお得な価格で購入できる。カイムキの人気カフェ、ビーン・アバウト・タウンも入店。

MAP 付録P.14 E-2 ワイキキ

🏠 330 Royal Hawaiian Ave.
🚇 メイン入口はカラカウア通り沿い、ロイヤル・ハワイアン・センター正面
☎ 808-931-2700 🕙 10:00〜22:00 🈶 無休

同居するビーン・アバウト・タウンでは本格的なアーティザンコーヒーやペイストリーを用意

ハワイらしさあふれる
オアフ島のローカルタウン

ワイキキでショッピングやグルメをたっぷり楽しんだら、
個性あふれるローカルタウンへ足を延ばしてみませんか。
ロコといっしょにバスに揺られて、気になる町で下車するもよし、
ハワイ屈指の大自然や海の絶景めぐりもとびきりの思い出に。
オアフ島はエリアによって、いろいろな表情を見せてくれます。

のどかな
牧場で
乗馬体験♪

おもなローカルタウンはこちらです

旬のショップやカフェが集まるエリアから、オールドハワイの面影が残る町、
ハワイ有数のリゾートまで、ローカルタウンにもさまざまな個性があります。
各エリアの特徴を覚えて、遠出の計画を立てましょう。

クアロア・
ランチ **➡P.70**
島の北東部に広が
る牧場。大自然の
なかで乗馬やジッ
プラインなどの各
種体験ができる

波が高く、世界中からサーファー
が集うサーフィンのメッカ。
ハレイワが観光の中心地

1 ノースショア
North Shore

ザ・バスで人気スポットへ**➡P.80**
ハレイワのサーフカルチャー**➡P.86**

カフク

1 ノースショア
North Shore

ハレイワ

ドールプランテーション

ワイアナエ山脈
Waianae Range

パールシティ

カラニアナオレ
ビーチ・パーク

海岸沿いにリゾートホテルが建ち並び
大型ショッピングセンターも点在。
ステイも買い物も楽しい注目タウン

**2 コオリナ／
カポレイ**
Ko Olina / Kapolei

話題のエリア、
コオリナ＆カポレイ **➡P.88**

**2 コオリナ／
カポレイ**
Ko Olina / Kapolei

カラニアナオレ・ **➡P.75**
ビーチ・パーク

西海岸の広大なビ
ーチ。周辺には「神
秘の洞窟」と呼ば
れるマーメイド・
ケイヴもある

きれいなビーチはロコがいっぱい！

おしゃれなショップやパンケーキがおいしい店、美しいビーチなど魅力がいっぱいのリゾートタウン

3 カイルア
Kailua

ローカルビーチ＆絶景SPOT ➡P.72
ビーチ＆旬の店をめぐりましょう ➡P.84

ワイキキ近郊の山麓に位置する静かな街。マノア滝や熱帯雨林など自然美があふれる

4 マノア
Manoa

GREENの世界 ➡P.70

カメハメハHwy.

クアロア・ランチ

コオラウ山脈 Koolau Range

83

カネオヘ

H3

3 カイルア
Kailua

72

H201

4 マノア
Manoa

ダニエル・K・イノウエ国際空港

ホノルル Honolulu　H1

ダイヤモンド・ヘッド

ハナウマ湾

ハナウマ湾 ➡P.82
美しいサンゴ礁が自慢の海洋公園。ハワイ随一のシュノーケリングスポットでもある

● ワイキキからのアクセスは？

ワイキキから各ローカルエリアへはザ・バスを乗り継ぐか、レンタカーで向かうのが一般的。ザ・バスはどこまで行っても1回の乗車が$3と良心的。レンタカーなら時間を気にせず自由自在に動けるのが利点。

〈アクセス早見表〉

	ノースショア	コオリナ/カポレイ	カイルア	マノア
ザ・バス	約125分	約70〜90分	約1時間	約40〜50分
車	約60分	約30〜45分	約30分	約15分

妖精"メネフネ"に出会えそうな GREENの世界で癒やされましょう

ハワイは海だけでなく、緑豊かな自然も魅力のひとつです。
山や谷に棲むといわれる小人「メネフネ」にも出会えそうな
グリーンなスポットへ、日ごろの疲れを癒やしに行きませんか？

Relax!
マイナスイオン
を浴びながら
散策しましょう

花の香りに癒やされて♡ ⑤

①流れ落ちる滝の姿は圧巻。歩いてきた疲れも一気に癒やされる🅐 ②ドラマ「LOST」のロケにも使われたうっそうとした森を進んでいく🅐 ③大小さまざまなサボテンが植えられているエリア🅑 ④壮大なカアアヴァ渓谷を眺めながらの乗馬は極上の思い出に。自然の雄大さを体感🅒 ⑤日本では見られないような植物たちを観賞しながら歩いてみて🅑

緑のジャングルをトレッキング

🅐 マノア滝
Manoa Falls

ワイキキからほど近い、熱帯雨林の中にあるマノア滝。さまざまな木々や花、清流が見られ、ネイチャーツアーも盛ん。約1.5kmのトレイルを歩いて行く。

MAP 付録P.2 D-4　　　　マノア

🚗ワイキキから車で15分。ザ・バスはアラモアナセンターから5番に乗り、終点で下車。所要約25分。バス停からマノア滝まで徒歩約40分

プルメリアや巨大サボテンが人気

🅑 ココ・クレーター植物園
Koko Crater Botanical Garden

オアフ島でいちばんパワーが強いといわれる、ココヘッド・エリアにある静かな植物園。瞑想にもぴったりで、なりたい自分に近づくことができるという。

MAP 付録P.2 E-4　　　ハワイ・カイ

🏠7491 Kokonani St. 🚗ワイキキから車で約20分。72号線カラニアナオレ・ハイウェイからケアラホウ通りへ入り、ココナニ通りを左折 ☎808-768-7135（ホノルル植物園代表）🕐日の出～日没まで 休無休 料無料

大自然のなかでアクティビティを

🅒 クアロア・ランチ
Kualoa Ranch Hawaii

オアフ島の北東部、緑豊かな山々に囲まれた観光型の牧場。東京ドーム450個分の広大な敷地で、乗馬やバギー体験などのツアーを催行している。

MAP 付録P.2 D-2　　　　クアロア

🏠49-560 Kamehameha Hwy. 🚗ワイキキから車で約50分。1日3便ワイキキから送迎バスあり ☎808-237-7321 🕐7:30～18:00 休無休 料乗馬ツアー（10歳以上）2時間$144.95、映画ロケ地ツアー90分$51.95など

小さなハワイの妖精「メネフネ」
ハワイにはさまざまな神話や伝説がありますが、なかでもユニークなのが、小人の妖精「メネフネ」の伝説です。力持ちの働き者で、一晩で神殿や養魚池を造るといわれています。

Relax!
「この木なんの木」のCMでおなじみ！

Relax!
1922年に創業した老舗中の老舗

Relax!
ここちよい風のなかでゆったり休憩

6もともとはカメハメハ王家の所有地。神聖なパワーが満ちるパワースポットともいわれる**D** 7店外に設けられたテラス席。さわやかな雰囲気のなかで食事を**E** 8自家製のスコーンやサンドイッチなど軽食も販売。自慢のコーヒーと一緒に**E** 9テラス席に座ると、生き生きと茂る亜熱帯の植物が目の前に**F** 10パンケーキやアサイボウル、ロコモコなどブランチ向きのハワイ料理を用意**F**

ハワイらしさあふれるオアフ島のローカルタウン／GREENの世界

美しい木の下でピクニック

D モアナルア・ガーデン
Moanalua Gardens

CMに登場して以来親しまれているモンキーポッドがある公園。5月と11月に美しい花を咲かせる。バスでは行きにくいため、ツアーか車がおすすめ。

MAP 付録P.3 C-4　　モアナルア

所 2850-A Moanalua Rd. 交 ワイキキから車で約15分。H-1からH-201に入りEXIT3からすぐ 電 808-834-8612 営 9:00～17:00 休 無休 料 $10

おいしいコーヒーと食事が評判

E モーニング・グラス・コーヒー +カフェ
Morning Glass Coffee + Café

一杯ずつドリップされるコーヒーは、スターバックス創業者のひとりでもあるオーナーのこだわりが光る。

MAP 付録P.4 D-1　　マノア

所 2955 E. Manoa Rd. 交 イースト・マノア通り沿い 電 808-673-0065 営 7:00～14:00 (土・日曜は8:00～) 休 月曜

おしゃれロコが通う隠れ家カフェ

F ワイオリ・キッチン&ベイク・ショップ
WAIOLI Kitchen & Bake Shop

深緑がみずみずしい静かな空間でブランチを楽しめる。毎朝焼き上がるハウスメイドのペイストリーで評判高い。

MAP 付録P.4 D-2　　マノア

所 2950 Manoa Rd. 交 マノア通りからオアフ通りに入ってすぐ西側 電 808-744-1619 営 8:00～13:00 休 日・月曜

ココ・クレーターは、パワースポットとしても人気。5～9月に見ごろを迎えるプルメリアの季節がおすすめです。

ローカルビーチや絶景SPOTで
最高の一枚を撮りませんか？

山頂からの風景や夜景、穴場のビーチなど、オアフ島は絶景スポットの宝庫です。
撮影時間や構図、映り込む人物などをちょっぴり意識すれば、最高の1枚が撮れるはず。
カメラを持って、さあでかけましょう。

サンドバー
Sandbar

カネオヘ湾の真ん中にある、サンゴのかけらが
堆積した遠浅の海。ツアーではそこに降り立ち、
360度パノラマオーシャンビューを楽しめる。

MAP 付録P.2 D-3　　　　　　　　　カネオヘ

☎808-922-2343（キャプテンブルース 天国の海®
ツアー、日本語可）
URL cptbruce.com

ベローズ・フィールド・ビーチ
Bellows Field Beach

ベローズ空軍基地内にあるビーチ。一般開放
されるのは週末と祝日だけとあって、知ってい
る人も少なく、思う存分リラックスできる。

MAP 付録P.2 E-3　　　　　　　　ワイマナロ

🚗ワイキキから車で約30分。カラニアナオレ・ハイ
ウェイからティンカー・ロードに入る。左手に見える
ベローズ空軍基地の看板が目印　🕐土・日曜、祝日の
6:00ごろ〜日没まで　💲無料

ココヘッド・トレイル
Koko Head Trail

ハワイ・カイにある標高370mのココ・クレーター
に登るトレイル。傾斜がきつく、手すりがない線
路を上る。少々ハードなため、体力がある人向け。

MAP 付録P.2 E-4　　　　　　　　ハワイ・カイ

🚗ワイキキから車で約30分。カラニアナオレ・ハイウ
ェイからルナリオ・ホーム・ロード、アナパラウ通りに入
る。ココヘッド・ディストリクト・パークの駐車場を利用

Ａまるで海の上を歩いているような不思議な感覚になる
Ｂデリやプレートランチを持ち込んで、海を見ながら食べるのも
おすすめ　Ｃ頂上まで1本の線路の跡が続いている。そこをひ
たすら上れば絶景が。途中、急斜面もあるので注意

撮影ポイント 📷
コウラウ山脈をバック
に、青い海と真っ白なサ
ンドバーを一枚に

撮影ポイント 📷
海に映えるカラフルなビーチアイ
テムと人物を一緒にパチリ

撮影ポイント 📷
ハワイ・カイの街や海を入れると
ダイナミックさが際立つ構図に

72

セスナのチャーター

絶景を楽しむなら、セスナのチャーターもあります。パシフィック・エアー・チャーターズ **MAP** 付録P.3 C-4では、日本人パイロットによる遊覧ができます。**URL** 133.242.72.239/

D山頂からはラニカイ・ビーチのシンボルの双子島が見える **E**美しい海にうっとり。1〜3月には、ザトウクジラが姿を現すこともある **F**昼も夜もそれぞれ魅力的な眺め。マジックアワーの夕暮も、ため息がこぼれるほど美しい

撮影ポイント
10〜14時に訪れるとふたつの島がきれいに撮れる。人物を入れて撮るのも◎

撮影ポイント
海に浮かぶラビット・アイランドや、モロカイ島を写真に収めて

撮影ポイント
街の明かりがほのかに輝き出すサンセットの風景も美しい

🄓 カイヴァリッジ・トレイル（ラニカイ・トレイル）
Ka'iwa Ridge Trail(Lanikai Trail)

ラニカイの閑静な住宅街にあるトレッキングルート。途中険しい道もあるが、山頂に近づくと視界が開け、ラニカイ・ビーチを一望できる。

MAP 付録P.2 E-3　　　　　ラニカイ

図ワイキキから車で約40分。カイルア・ビーチ沿いのカワイロア通りを南へ進み、アアラパパ通りからカエレプル通りへ右折。ミッド・パシフィック・カントリー・クラブのエントランスの近くが登山口

🄔 マカプウ・トレイル
Makapuu Trail

オアフ島の最東端、マカプウ岬に整備されたトレイル。トレイルの途中では、ココヘッドの眺めやサボテンの群生地なども見られる。

MAP 付録P.2 E-4　　　　　マカプウ

図ザ・バス23番で約60分。シーライフ・パーク下車。トレイル入口まで徒歩15分。ワイキキから車で約30分 圏7:00〜18:45（4〜9月の第1月曜は〜19:45）

🄕 タンタラスの丘
Tantalus Lookout

オアフ島随一の夜景ポイント。ワイキキの街並みやネオンが幻想的。夕方以降は道が暗く、治安がよくないため、ツアーの利用が安心。

MAP 付録P.5 C-2　　　　　タンタラス

所ワイキキから車で約20分。アリゾナ記念館からH-1を利用、EXIT 23で降り、プナホウ通りからネオア通りへ。マキキ通りを右折し、ラウンド・トップ・ドライブへ入り山側へ

タンタラスの丘は夜景で有名ですが、昼間の景色もまた格別。ダイヤモンド・ヘッドの雄姿をワイドに見晴らすことができます。

ハワイらしさあふれるオアフ島のローカルタウン／ローカルビーチや絶景SPOT

オアフ島の西で見つけた
ピルボックス&神秘の洞窟

写真映えするピルボックスや人魚の名がついた洞窟、絶景ビーチなど、
オアフ島の西側は、手つかずの自然が残る穴場のエリア。
ちょっとだけ足を延ばして、新たなハワイの魅力に出会いましょう。

What's ピルボックス？

ピルボックスとは、戦時中に造られた鉄筋コンクリート製の防御陣地のこと。敵を見下ろす見晴らしのいい場所に建てられたため、眺望の良い場所にあることがほとんど。

1 さあ出発です！ START

入口には特に看板などは出ておらず、さりげないが、両サイドに車が数台停まっていることが多い

2 少し登るだけで絶景が広がる！

なだらかな斜面を登って振り返ると、北側には雄大なワイアナエ山脈の絶景が見られる

Amazing view!

GOAL

3 ピンク・ピルボックスの頂上に到着！

登り始めて約40分。頂上に到着！ 西海岸のエメラルドグリーンの海を一望できる

ベストショット♪

オアフ島で見ておくべき絶景のひとつ

マイリ・ピルボックス
（ピンク・ピルボックス）
Maili Pillbox

乳がんのピンクリボン運動の啓蒙のため、ピンクに塗られたピルボックスがフォトジェニック。晴天率の高い西海岸沿いにあり、ピンクが青空によく映える。ワイキキから少し離れているため、ツアーかレンタカーの利用が便利。

MAP 付録P.3 B-3　　　　リーワード

囡ファーリントン・ハイウェイを経由し、ナナクリの町を過ぎたらカウカマ通りを右折。右側にトレイルの入口がある。ワイキキから車で約50分

撮影のコツって？

ピンク・ピルボックスの背後に別の丘があり、そこから撮ると海のブルーにピンクがいい感じに映えます。

1 岩場を進みます　START

ツアーに参加し、カラニ
アナオレ・ビーチ・パー
ク横のゴツゴツとした岩
場を進む。歩きづらいた
め、スニーカーやマリン
シューズを用意して

2 入口を見つける

入口は岩場の大きな穴。ガ
イドの誘導では、しごを使っ
て2〜3m下りる。穴はいく
つもあり、ハート形も

3 洞窟に到着！　GOAL

洞窟の中に到着。エメラ
ルドグリーンの海水が流
れ込み、神秘的な雰囲
気。時間によって海水の
高さが変わる。ツアーは
干潮時に催行される

| 足元に注意！|

| 無事到着！|

日に照らされてきらめく美しい洞窟

マーメイド・ケイヴ Mermaid Caves

ナナクリにある、知る人ぞ知る洞窟。その美しさから「人
魚の棲む洞窟」とSNSなどで知られるようになり、洞窟
ツアーが催行されるように。天井の穴から差し込む光
が水面に反射し、幻想的な空間が広がっている。

MAP 付録P.3 B-3　　　　　　　　　　ナナクリ

所 89-410 Keaulana Ave., Waianae
交 ラウマニア通り沿いのパーキングから徒歩5分

カラニアナオレ・ビーチ・パークへも立ち寄りましょ

ナナクリ・ビーチとも呼ばれる、穴場のビーチパー
ク。水の透明度が高く、晴れの日も多いため海
水浴にぴったり。無料の駐車場も併設。

MAP 付録P.3 B-3　　　　　　　　　　ナナクリ

交 アラモアナセンター山側からザ・バスC-
40番で約70〜90分、ファーリントン・ハイウ
ェイとナナクリ・アベニューの交差点で下車

どちらも行くならこのツアー

親切ていねいで高評価の日本語ガイドが案内
完全プライベートでワイキキのホテルから送
迎付き。マイリ・ピルボックスやマーメイド・
ケイブでの写真撮影もサポートしてくれる。

Noriさんの西海岸プライベートツアー

交 ワイキキから送迎付　時 ワイキキエリア8:00ピックア
ップ、戻りは12:00ごろ　休 とくになし（日程や時間は相談
可）料 ピンク・ピルボックス＆マーメイドケイブ4時間ツ
アー 15000円　URL locotabi.jp/oahu/services/24254

ナナクリ地区はあまり治安がよいとはいえず、個人で行くのはおすすめできません。ツアーの利用が安全。

イルカもクジラもウミガメも……
会ったらもっと好きになります

美しいハワイの海には、多くの海洋生物が生息しています。
人なつっこいイルカから大迫力のクジラ、キュートなウミガメまで、
さまざまな動物たちに会いに行きましょう。

野生のイルカと
夢の共演！？

会えるのはスピナードルフィン

「ハワイアン・スピナー・ドルフィン」とはハシナガイルカのこと。スピンしながらジャンプするのが特徴の小形のイルカ。

イルカの甲高い鳴き声が響く海の中を泳げば、心身ともに癒される

野生のイルカとふれあい
とびきりの思い出を

私立イルカ中学／名門イルカ大学
Shiritsu Iruka Chugaku / Meimon Iruka Daigaku

野生のイルカと一緒に泳ぐツアー「ドルフィンスイム」が人気。ほかにもウミガメや熱帯魚などを見ることができ、ハワイの自然を思う存分堪能できる。軽食やドリンクも付く。

MAP 付録P.3 A-3　　　　ワイアナエ

図ワイキキから送迎付 ☎808-636-8440（日本語可）
営ツアーによりワイキキエリア5:00～10:00ピックアップ、戻りは13:00～17:00ごろ 休無休 料イルカ中学(withスイム＆リーフスノーケル$179)、イルカ大学(withスイム$199、ウォッチング$179) URL www.iruka.com/

❶ワイアナエ港からボートで沖へ。港を出るときには航海の無事を祈る儀式も行なう ❷❸名門イルカ大学のツアーでは、ウォータースライダーやスタンドアップパドルなどのエキサイティングなマリンスポーツも体験できる

イルカとKISSしてみませんか？

イルカと直接ふれあうなら、海洋パークへ。イルカとキスできるドルフィン・エンカウンター$188 ～をはじめ、多くのプログラムを開催。ウミガメやアシカともふれ合える。

シーライフ・パーク・ハワイ Sea Life Park Hawaii

MAP 付録P.2 E-4　　　　マカプウ

所41-202 Kalanianaole Hwy. #7, Waimanalo 図ザ・バス23番で約60分。ワイキキから車で約30分 ☎808-259-2500
営10:00～16:00（最終入場）休無休 料入場料$47
URL www.hawaiisealifepark.jp

ハワイならカメと一緒に泳げます

澄んだ海でウミガメと泳ぐ
ワイキキ名門カメ大学
Waikiki Meimon Kame Daigaku

ウミガメが多く生息するスポットでシュノーケリングができるツアー。プランにより、スタンドアップパドルなどのアクティビティも楽しめる。

MAP 付録P.10 E-4　　ケワロ湾

ケワロ湾から出航。ワイキキから送迎付 ☎808-636-8440（日本語可）
ツアーによりワイキキエリア10:00ピックアップ、戻りは13:30ごろ 無休
$125（船からの見学のみ $100）
URL www.iruka.com/

ホヌは海の守り神！
ホヌとはウミガメのこと。ハワイでは海の守り神として大切にされていて、神話にもよく登場する。

1ウミガメと一緒にダイビングを楽しんで。ふれるのは禁止されているため厳守を 2定員80名のボートで、ウミガメに会えるスポットへ移動。乗船中にレクチャーを受ける

ダイナミックなクジラに感動もひとしお！
マジェスティック・バイ・アトランティス・クルーズ
MAJESTIC by Atlantis CRUISES

冬から春にかけて、出産と子育てのためにオアフ島の沖合にやってくるザトウクジラを、専門家に習性や生態を聞きながら観察できるツアー。

MAP 付録P.11 B-3　　ダウンタウン

アロハタワー・マーケットプレイスのピア6から出航 ☎808-973-1311 12月下旬～3月限定。ツアーは11:00集合、14:00解散 期間中無休 $79（クルーズ中にネーチャリストがクジラを発見できなかった場合、ホエールウォッチクルーズに無料で再乗船できる保証付き）URL jp.atlantisadventures.com/

12～3月限定でザトウクジラに会える！

1最先端技術を備えたクルーズ船で、クジラのいるポイントまで進む
2大きなもので体長15mほどもあり、海上でジャンプしたり、尾びれを出して泳ぐ姿は圧巻！

子育てはハワイで
冬から春にかけ、出産と子育てのために多くのザトウクジラがハワイの沖合に現れる。

©Jag Express
Photographer Heather Del Carlo

シーライフ・パーク・ハワイでは、ハリウッド発の有名店ピンクスのホットドッグが食べられます。

カフク・ファームズで
採れたて食材をいただきます

ハワイではオーガニックや地産地消が定着し、ヘルシー志向の人も増加中。
正真正銘の採れたてを味わうなら、農場を訪れるのもおすすめです。
フルーツや野菜が育つ様子を間近で見られますよ。

ファームツアーに参加 ♪

トラクターが牽引するワゴンに乗ってツアースタート！ アップル・バナナの木のトンネルは、ツアーのなかでも見どころのひとつです。

体験データ
ツアー名：グランドツアー
所要時間：1時間
料金：$50

こんなものが収穫できます

カカオ
種子がカカオ豆として、ココアやチョコレートの原料になる

ブラジル原産のヤシ。アサイベリーと呼ばれ、アサイボウルに欠かせない材料　**アサイ**

アップル・バナナ
りんごのようなさわやかな酸味があり、一般的なバナナよりも小ぶり

ブルーベリー
すっきりとした酸味と甘みが特徴。ビタミンCが豊富で美肌効果もある

絶景を望むフルーツ＆野菜農場

カフク・ファームズ
Kahuku Farms

ノースショア屈指の景勝地にあり、日系人家族が4世代にわたって耕してきた農場。農作物の栽培が見学でき、併設のカフェでは採れたての野菜やフルーツが味わえる。

🅼🅰🅿 付録P.3 C-1　　　　　　**カフク**

🏠56-800 Kamehameha Hwy., Kahuku 🚌カメハメハ・ハイウェイ沿い ☎808-628-0639
🕐11:00〜16:00 休火・水曜
🔗 www.kahukufarms.com
※ツアーの最新スケジュールはHPで要確認

ツアーの最後には自分たちで収穫したカカオを割ってみることができる

カカオの実ってこんなに大きいんだね

ガイドがていねいに解説してくれる。ツアーは採れたての果物テイスティング付き

コーヒー農園もあります

グリーン・ワールド・コーヒー・ファーム **MAP** 付録P.3 B-2では、フレッシュなコーヒーを味わえます。カフェやおみやげショップもありますよ。

Cafeでランチ♥

隣接するファームカフェでは、冷たいジュースやアイスデザートのほか、野菜たっぷりのサンドイッチやピッツァなどの食事も味わえます。

カフェの入口にはテラス席もあり、美しい緑のなかでランチを楽しめる

イエローの外観が目印。レジカウンターの奥にコスメコーナーが

パパイヤ・ウィズ・ソルベ$5.25。農園パパイヤの半分を豪快に使ったぜいたくスイーツ

バナナ・パウンド・ケーキにキャラメルソースがかかったバナナ・ブレッド$6.50。+$2.50でアイスを追加できる

農園で採れた新鮮なアサイを使ったアサイボウル$12。フルーツもすべて自家製

ハワイらしさあふれる緑のオアフ島のローカルタウン／農園で採れたて食材をいただきます

Skincare Products

ボディ・バター・クリーム$20(右)とハンド・クレンザー$6.50(左)

ナチュラルなお持ち帰りアイテム

農場で収穫したフルーツを使ったバターやジャム、はちみつのほか、ボディケア用品も大人気。天然素材で体にやさしい。

Culinary

リリコイで作ったシロップ$10。パンケーキなどのスイーツやドリンクにプラスして

カフェでも使われている大好評のマカダミアナッツ・クランブル$10とバターミルクのパンケーキミックス$8

カフク・ファームズのアイテムはKCCファーマーズ・マーケット ➡ P.54などでも購入できるのでチェックしてみましょう。

The Bus に揺られて
気軽に人気スポットへ

オアフ島の全エリアをカバーする唯一の公共交通機関がザ・バス。
HOLOカードなら1日 $7.50 で乗り放題とツアーに参加するより随分お得です。
乗り方をマスターしてちょっと遠いところにも足を運んでみましょう。

バスに乗って
遊びに行こう！

The BUS って？

ホノルルを中心に、オアフ島全土をほぼ網羅するザ・バスはロコの重要な足。ルートは80を超え、停留所は4000以上にのぼる。料金はどこまで乗っても1回 $3 の均一料金。

☎ 808-848-5555（インフォメーション）
URL www.thebus.org

ターミナル

オアフ島各所を訪れる際は主要なルートが集中しているアラモアナセンターやカリヒを拠点に。

支払いは現金またはHOLOカード

おつりはでないため交通系ICカードのHOLOカードを入手すると便利。

バスストップ

バスの絵が描かれた黄色の看板が目印。目的のバスがきたら手を挙げて合図しよう。

主要ルートは
P.125参照♪

538

The Bus

HOLOカードってなに？

誰でも購入できる交通系ICカード。ABCストアやセブンイレブン、フードランドなどで販売している。新規カード代 $2、チャージ $3 〜（＊）。乗車時は運転席横のカードリーダーにタッチ、2時間半以内の乗り換えは何度でもOK。1日の利用額が $7.50 を超えた時点で、その日は乗り放題になる（翌2:59まで）。バス車内では購入もチャージもできないので気をつけて。
＊店舗によって取り扱い内容が異なります。

HOLO ADULT

2023年に一部開業したスカイラインへの乗り換えにも使える

DaBusアプリが便利♥

ザ・バス公式アプリ「DaBus2（ダ・バス）」

ザ・バス公式アプリ「DaBus2」は、地図や通り名、ルート番号などから、バス停や時刻表を調べられる。位置情報をオンにしていれば、近くのバス停や到着予想時間もわかる。

道中にはパイナップル畑が広がる

ノースショアの看板は定番ショット

のどかな雰囲気のハレイワタウン

ホヌに会えるハレイワのアリィ・ビーチ

おすすめコース1

ハレイワへ南北縦断バスの旅

カフク
ポリネシア
カルチャー・センター
クアロア・ランチ
ドール
プランテーション
クカロニコ
カネオヘ
パール・シティ
カイルア
コオリナ
ダニエル・K・イノウエ
国際空港
アラモアナセンター
ハナウマ湾
ワイキキ

ワイキキ出発 ⇒ アラモアナセンター 52番で約1時間30分 ⇒ ドール プランテーション 52番で約15分 ⇒ ハレイワ 52番で約2時間 ⇒ アラモアナセンター ⇒ ワイキキ E・8・13・20・23・42番で10〜20分

人気タウン、ハレイワに向かうバスはのどかな畑やローカルタウンを通過。途中のドールプランテーションでは、パイナップルのアイスやここだけの限定みやげも購入できる。

新鮮パイナップル&巨大迷路がいち押し

1 ドール プランテーション
Dole Plantation

パイナップルで有名なドール社のテーマパーク。農園や巨大迷路があり、ファミリーでも楽しめる。

MAP 付録P.3 C-2　ノースショア

🏠 64-1550 Kamehameha Hwy.
🚌 ザ・バス52番でカメハメハ・ハイウェイ+ドール&ハレマノ・プランテーションズ下車　📞 808-621-8408
🕐 9:30〜17:30　🈳 無休　💰 入園無料

ドールのオリジナルTシャツを着たテディベア

園内にはアトラクションもたくさん

屈指のグルメタウンでロコ御用達の店をチェック

2 ハレイワ　Haleiwa　➡P. 86

サーフィンのメッカとして知られる、ノースショアの入口にある町。クラシカルな家屋が残り、オールドハワイの懐かしい雰囲気が魅力。

MAP 付録P.3 B-2　ノースショア

🚌 ザ・バス52番でカメハメハ・ハイウェイ+アマラ通りほか下車

名物はガーリック・シュリンプ

人気撮影スポット！

かき氷店の壁に描かれた天使の羽

さらに足を延ばしてこちらも行ってみましょう

\ ポリネシア文化を体験できる /

ポリネシア・カルチャー・センター
Polynesian Cultural Center

ポリネシアの島を再現した村が集まるテーマパーク。日本語ガイドと料理付きのルアウパッケージがおすすめ。

MAP 付録P.3 C-1　ライエ

🏠 55-370 Kamehameha Hwy.　🚌 ザ・バス60番でポリネシア・カルチャー・センター下車　📞 808-367-7060　🕐 12:30〜21:00
🈲 水・日曜(6月下旬〜8月下旬は日曜のみ)

\ ハワイの大自然を満喫 /

クアロア・ランチ
Kualoa Ranch Hawaii　➡P. 70

🚌 ザ・バス60番でカメハメハ・ハイウェイ+クアロア・ランチ下車

ポリネシア・カルチャー・センターは見るだけでなく、体験ものやハワイ伝統料理のビュッフェもそろっています。

**The Bus に揺られて
気軽に人気スポットへ**

穴場のサンディビーチへは途中下車で　　透明度の高い静かな海は東海岸の象徴

おすすめコース2

オアフ島東海岸を満喫する

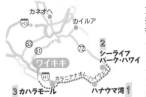

東海岸は島内随一の
美しさを誇る海が特
徴。ハナウマ湾へバ
スで行く場合、最寄
り停留所から少々歩
くことになるが、訪れ
てみる価値は大。お
しゃれモールにも立
ち寄ってみて。

ワイキキ出発	→	ハナウマ湾 **1**	→	シーライフ・パーク・ハワイ **2**	→	カハラモール **3**	→	ワイキキ
		23番から1L番に乗り換えて45分〜1時間		（最寄りバス停から徒歩約25〜35分）		23番で約40分		2・2L・23番で20〜30分
				1L番から23番に乗り（最寄りバス停から徒歩約25〜35分）で約20分				

カラフルな熱帯魚が泳ぐ
シュノーケリング天国

1 ハナウマ湾
Hanauma Bay

ワイキキから車で約30分
の場所にあるハワイ随一
のシュノーケリングスポッ
ト。海洋保護区のため、
餌づけやサンオイルの使
用は禁止。入場には事前
のオンライン予約が必要。

MAP 付録P.2 E-4　　ハワイ・カイ

⌂100 Hanauma Bay Rd. 🚌ザ・バス
1L番でルナリロ・ホーム通り＋カラニア
ナオレ・ハイウェイ下車、徒歩約25分
🕐6:45〜16:00 休月・火曜 料入場料$
25 URL pros7.hnl.info/hanauma-bay

タッチやキスでイルカとコミュニケーション

2 シーライフ・パーク・ハワイ ●P. 76
Sea Life Park Hawaii

ペンギンにも
会えます！

マカプウ岬のそばにある
海洋パークで、イルカや
ウミガメ、アシカなどの
生き物とふれあえる。

かわいいイルカと
遊ぼう！

MAP 付録P.2 E-4　　マカプウ

🚌ザ・バス23番でシーライフ・パ
ーク・ハワイ下車

人なつこいイル
カに直接
ふれてコミュ
ニケーション
できる

落ち着いて買い物できる
穴場スポット

3 カハラモール
Kahala Mall

高級住宅地にたたずむ、地元マ
ダム御用達のショッピングセン
ター。広大な敷地に店が並び、
ホノルルではここにしかない
という専門店も少なくない。

MAP 付録P.4 F-2　　カハラ

⌂4211 Waialae Ave.
🚌ザ・バス2L・23番でキラウエア
通り＋ワイアラエ通りほか下車
📞808-732-7736
🕐休店舗により異なる

1 2 落ち着いた雰囲気のカ
ハラモールには、ハイレベル
なセレクトショップが多い。
現地で着る服を購入して

モールには、人気
のスーパー、ホー
ルフーズ・マーケッ
トも入っている

カイルアへ行く途中に見える山脈

セレクトショップが並ぶヘキリ通り

ラニカイ・ビーチにはロコも多い

ワイマナロ・ビーチパークへの看板

おすすめコース3

カイルア&ワイマナロをめぐる

H3 カネオヘ
ラニカイ・ビーチ
カイルア 1
ワイマナロ 2
63 61 72 ワイマナロ・ビーチ
ワイキキ
アラモアナ センター カラニアナオレ・ハイウェイ

ビーチや買い物を楽しみたい人におすすめのルート。おしゃれなカイルアタウンを散策したあとは、ラニカイ・ビーチやワイマナロ・ビーチまで足を延ばすのもおすすめ。

| ワイキキ出発 | ➡ | アラモアナセンター E・8・13・20・23・42番で10〜20分 | ➡ | カイルア 1 67番で約50分 | ➡ | ワイマナロ 1 67番で約30分 | ➡ | アラモアナセンター 67番で約1時間10分 | ➡ | ワイキキ E・8・13・20・23・42番で10〜20分 |

おしゃれなショップが
集まる街

1 カイルア ▶P.84
Kailua

ゆるりとしたスローな雰囲気が漂う街。透明度の高い美しいビーチで知られ、セレクトショップや雑貨店も集まる。

MAP 付録P.2 D-3　　　　カイルア
🚌ザ・バス67番でカイルア通り+ハマクア通りほか下車

ロコに人気の注目カフェが多いのもカイルアの特徴

オーナーの個性が光るセレクトショップをめぐるのも楽しい

全米一に選ばれた
穴場ビーチは必見

2 ワイマナロ
Waimanalo

観光客が少なく、のんびりとした時間が流れる街で、ワイマナロ・ビーチなどの隠れ家的ビーチが有名。

MAP 付録P.2 E-4　　　　ワイマナロ
🚌ザ・バス67番でカラニアナオレ・ハイウェイ+オルオル通りほか下車

人が少なくのんびり過ごすのにぴったりのワイマナロ・ビーチ

何して遊ぶ〜？

671番バスで
ラニカイ・ビーチへ

あまりの美しさにハワイ語で「天国の海」と名付けられたラニカイ・ビーチ▶P.84。カイルアの街で乗り換えればすぐ。

🚌カイルア・ショッピングセンターから671番でアアラバパ通り+カエレプル通り下車、徒歩5分

モクルア島を望みながら、日光浴を楽しもう

お気に入りのビーチよ！

ハワイらしさあふれるオアフ島のローカルタウン／The Busに揺られて人気スポットへ

ザ・バスに乗るなら、朝早くからでかけましょう。夕方〜夜にかけては危険なエリアもあります。

カイルアへ足を延ばすなら
ビーチ＆旬の店をめぐりましょ

絶景のビーチとおしゃれなショップが自慢の街、カイルア。
ワイキキよりのんびりとした雰囲気のなかで、
グルメもビーチも買い物も一度に楽しめます。

周辺図 付録P.2

Kihapai St. **P.33**
⑤ Ⓢオリバー・メンズ・ショップ　　　ミューズ
　 Ⓢオリーブ＆オリバー **P.33**　　Uluniu St. カイルア
⑤ 　　　　Ⓢカイルア
レイナイア　　　　　　　　　　スクエア
　　　　　　　　　　　　　Ⓢシナモンズ **P.93**
Kailua Rd.
㊻ Ⓢホールフーズ・マーケット **P.37**
　カイルア店
フード　Ⓢロングスドラッグス　　　ラニカイ
ランド　　　　　　　　　　バス＆ボディ
　　Ⓢラウハラ ショップス　②Ⓢカイルア
　　　　　　　　　　　　ショッピング
　④Ⓡナル・ヘルス・バー　　センター
　　 ＆カフェ　　　　　Ⓢラニカイ
　　　　　③Ⓢジリア　　ビーチ **P.83** ①
0　約100m
　　　　　　Ⓢターゲット
　Ⓡカラパワイ・カフェ＆デリ

①②太陽の光に
照らされて輝く海
に感動 ③ロコた
ちの憩いの場とな
っている

BEACH

ひと足延ばして「天国の海」へ

① **ラニカイ・ビーチ**
Lanikai Beach

その美しさにハワイの言葉で「天国
の海」と名付けられたビーチ。青い
海と白砂のコントラストは絶景。沖
合には2つの無人島がある。

MAP **P.84／付録P.2 E-3**
交カイルア・ビーチ・パーク沿いのカワ
イロア通りを南へ進み、アアラパパ・ドラ
イブから路地を左折

SHOP

ハワイの香りのスキンケア

② **ラニカイ・バス＆ボディ**
Lanikai Bath&Body

防腐材や石油原料を一切使用し
ない天然素材のボディケアライ
ンが種類豊富にそろう。トロピカ
ルな芳香のアイテムが多く、香り
好きにはたまらないショップ。

MAP **P.84**
所600 Kailua Rd., Kailua 交カイル
ア・ショッピング・センター内
☎808-262-3260 営10:00～17:00
（土・日曜は～16:00）休無休

①ハワイな香りを
詰め合わせた缶入
り石けん $10.50
②完熟グアバの
ハンドソープ $15

人気のカラパワイ・カフェ＆デリ　　自転車で街めぐりも楽しい　　晴れてる日のビーチは最高♪

ヘキリ通りには
小さなカフェや
プレートランチ
の店が並ぶ

ぐるっと回って **120分**

おすすめの時間帯

カイルアおさんぽアドバイス
ショップ間の移動は車が便利。レンタサイクルもおすすめです。17時ごろに閉まるショップが多いため、早めに出かけましょう。

SHOP

どれも欲しくなる
大人気ブランド

③ **ジリア**
GILLIA

無地とハワイアンモチーフを軸にした大人かわいいリゾートブランド。バルーン袖のトップスやリネンのサロペットが人気で、繊細なカラー展開が魅力。

MAP P.84

🏠 131 Hekili St.#113, Kailua 🚗 ヘキリ通り沿い ☎ 808-888-0413
🕐 10:00〜17:00（日曜は〜16:00）休 無休

1 **2** 東京ベースで活躍したデザイナーがハワイで立ち上げ。リラックス感のある女性らしいシルエットで着ごこち抜群

CAFE

アートを見ながら
ヘルシーランチ

④ **ナル・ヘルス・
バー＆カフェ**
Nalu Health Bar & Cafe

オーガニック野菜を使ったサンドイッチ、アサイやグラノーラたっぷりのナルボウル（アサイボウル）など、ヘルシーフードが美味。

MAP P.84

🏠 131 Hekili St. #109, Kailua
🚗 ヘキリ通り沿い
☎ 808-263-6258 🕐 9:00〜18:00
休 無休

1 人気のラップサンドは色鮮やかなほうれん草入りトルティーアで提供 $13.95〜 **2** ローカルアーティスト作のナル（波）の壁画

SHOP

手作りのこだわりアクセに注目

⑤ **レイナイア**
Leinai'a

日本人デザイナーがワゴン販売から始めたアクセサリーブランドの実店舗。ハワイモチーフやアンティーク感が愛らしく、デザインだけでなく素材にまでこだわった心意気にファンが多い。

MAP P.84

🏠 35 Kainehe St.#101, Kailua 🚗 カイネヘ通り沿い ☎ 808-312-3585
🕐 10:00〜17:00（日曜は〜15:00）
休 月曜、日曜不定休

1 希少価値の高いタヒチアンパールのワイヤーアートピアス **2** フラガールピアスは14金ゴールドフィルド。レイはひとつひとつ手で編み込まれている

パンケーキの有名店にも立ち寄り

何度食べても飽きない自家製マカダミアナッツソース

**ブーツ＆キモズ・
ホームスタイル・キッチン**
Boots&Kimo's Homestyle Kitchen

甘すぎないソースが絶妙 $18.99

看板メニューは敏腕シェフ考案のマカダミアソースがふんだんにとろける秘伝のパンケーキ。卵料理ほか肉や魚のグリルも充実している人気ダイナー。

MAP 付録P.2 E-3

🏠 1020 Keolu Dr., Kailua 🚗 エンチャンテッド・レイクセンター内
☎ 808-263-7929 🕐 8:00〜13:00
（土・日曜は〜14:00）休 火曜

 ブーツ＆キモズはかなり混雑するので、時間に余裕を持っていきましょう。パンケーキはテイクアウトもできます。

ノースの町、ハレイワは サーフカルチャーがクールです

ハレイワは、サーファーの聖地・ノースショアの入口にあるオールドタウン。かわいい通り沿いの店でサーフィンのロゴグッズを探したり、名物グルメをテイクアウトして海へでかけたり、ロコのような過ごし方をしてみませんか?

サーファーが通うSHOPへ

オリジナルのTシャツがおすすめ

① サーフン・シー
SURF N SEA

サーファー・クロッシングのロゴで有名な店。ビーチウエアのほか、サーフボードや小物が多彩にそろう。

MAP P.86

所 62-595 Kamehameha Hwy., Haleiwa 交 カメハメハ・ハイウェイ沿い ☎ 808-637-9887 営 9:00〜19:00 休 無休

$14.99

$24

1 ハレイワらしさ満点のサーフボード形ビーチサイン 2 ショッピングにも使いやすい通気性の良いメッシュバッグ。長く使うほどにロゴがかすれて味が出る

ハワイ限定グッズはおみやげにも◎

② パタゴニア ハレイワ店
patagonia HALE'IWA

高品質なアウトドアウエアやアイテムを扱う。ハレイワ店限定のTシャツやキャップ、トートなど種類豊富。

MAP P.86

所 66-250 Kamehameha Hwy., Haleiwa 交 ノースショア・マーケットプレイス内 ☎ 808-637-1245 営 10:00〜18:00 休 無休

$24.95

$45

1 機能性で名高いMiiR®とコラボしたタンブラー 2 ハレイワの文字が入った商品はここだけ。ロゴ入りトートバッグ(→P.94)も人気

地図

サーフン・シー ① 83
アナフル川 Anahulu River
アナフル橋 Anahulu Bridge
ハレイワ・ジョーズ シーフード・グリル ⑤
⑤ ハレイワ ボウルズ
Haleiwa Rd.
Joseph P Leong Hwy.
Mahaulu Lane   Anahulu Pl.
ハレイワ・ストア・ロッツ
マツモト シェイヴ・アイス ④   Emerson Rd.
④ アオキズ・ノースショア トレーディング・カンパニー
リリウオカラニ教会
ハレイワ タウン・センター⑤   Opaeula Rd.
P.93
Amara Rd.   レイズ・キアヴェ ブロイルド・チキン
ロングス ドラッグス⑤   マラマ・マーケット
ワイアルア・ベーカリー
Kilioe Pl.   ノースショア マーケットプレイス
Achiu Lane   ② パタゴニア ハレイワ店
Cane Haul Rd.   83
ビート・ボックス・カフェ
セレスティアル・ナチュラル・フーズ
マクドナルド
③ ジョバンニ・シュリンプ トラック・ハレイワ
ビッグ・ウェーブ・シュリンプ P.93
Joseph P. Leong Hwy.
「ハレイワタウン左」の看板
N   0   200m
周辺図 付録P.3   ホノルル 99

町には地産地消を志した農園カフェも　のぞきたくなるセレクトショップが並ぶ　海帰りのサーファーたちが訪れる

ハレイワへのACCESS

レンタカーの場合、ワイキキからH1、H2を通って99号線へ。40分ほど北上し、看板に従って83号線に入るとハレイワの町に到着。ワイキキから55km、約1時間。ザ・バスの場合は、アラモアナセンターから51・52番で約1時間45分。

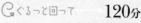

ぐるっと回って **120分**

おすすめの時間帯

ハレイワおさんぽアドバイス
ハレイワの町は全長1.5kmほど。車で移動するほどではないので、ハレイワ・ストア・ロッツなどに駐車して、のんびり歩くのがおすすめ。

ローカルフードを持って海へ

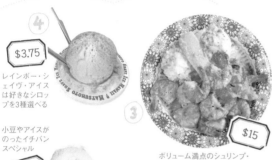

$3.75

レインボー・シェイヴ・アイスは好きなシロップを3種選べる

小豆やアイスがのったイチバンスペシャル

$7.25

$15

ボリューム満点のシュリンプ・スキャンピは絶品！

$13

クリーミーで濃厚なブルー・マジックボウルは地元サーファーに大人気！

1 マツモト・シェイヴ・アイスでひと休み 2 ハレイワ・ボウルズのスムージー $10

ビーチへ遊びに行こう！

ぷりぷりの食感がたまらない！

3 ジョバンニ・シュリンプ・トラック・ハレイワ
Giovanni's Shrimp Truck Haleiwa

カフク・シュリンプの有名店。たっぷりのガーリックで炒めたシュリンプ・スキャンピが人気。

MAP P.86

所 66-472 Kamehameha Hwy., Haleiwa 交 ノースショア・マーケットプレイスから徒歩10分 電 808-293-1839（カフク店）営 10:30～17:00 休 無休

シェイヴ・アイスの元祖はココ！

4 マツモト・シェイヴ・アイス
Matsumoto Shave Ice

1951年創業の雑貨店。カラフルな元祖レインボー・シェイヴ・アイスが有名で、行列必至。

MAP P.86

所 66-111 Kamehameha Hwy., Haleiwa 交 ハレイワ・ストア・ロッツ内 電 808-637-4827 営 10:00～18:00 休 無休

アサイボウルを自分好みにアレンジ

5 ハレイワ・ボウルズ
Haleiwa Bowls

茅葺きの屋根が目をひく、アサイボウルとスムージーの専門店。スーパーフードなどのトッピングも可。

MAP P.86

所 66-030 Kamehameha Hwy., Haleiwa 交 ハレイワ・ストア・ロッツから徒歩3分 電 なし 営 7:30～18:00 休 無休

土・日曜に、マラマ・マーケットの駐車場ではハワイ伝統の名物フリフリチキン⇒**P.93**を販売しています。

わざわざ行く理由があります
話題のエリア、コオリナ＆カポレイ

空港から車で約30分、オアフ島の南西部に位置するコオリナやカポレイは、
島内屈指のリゾートエリア。ワイキキとは異なるスローな空気感が魅力です。
近年ホテルやショッピングセンターがアップデートし、すてきなスポットが増えてます。

リゾートホテル内の
レストランも楽しいですよ

料理はもちろん、イベントや景観にこだわる
店ばかり。高級感あふれる雰囲気も◎。

4客室は全8タイプ832室 5あちらこ
ちらにディズニーの仲間が登場

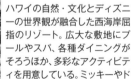

アウラニ・ディズニー・リゾート＆スパ内

アーティスティックなレストラン

マカヒキ
Makahiki

開放的なラナイやロコが手がけるアー
トが飾られた店内はリゾートらしさ満
点で、滞在中何度も利用したくなるほ
ど。ショーと食事が楽しめるキャラク
ター・ブレックファストを毎朝開催。

MAP 付録P.3 B-4　　コオリナ

☎866-814-3569 ⏰7:00〜11:00、17:00〜
20:30 休無休 料朝食$50

12ミッキー形のワッフルも選べる大人気
のキャラクター・ブレックファスト 3ハワイ
の伝統様式を模した空間造りも見どころ

ディズニーの世界が広がる楽園

ハワイの自然・文化とディズニ
ーの世界観が融合した西海岸屈
指のリゾート。広大な敷地にプ
ールやスパ、各種ダイニングが
そろうほか、多彩なアクティビ
ティを用意している。ミッキーやド
ナルド、スティッチなど休暇中の
ディズニーキャラクターに出会
えるミート＆グリートが楽しみ。

アウラニ・ディズニー・
リゾート＆
スパ コオリナ・ハワイ
AULANI, A Disney Resort & Spa,
in Ko Olina, Hawai'i

MAP 付録P.3 B-4　　コオリナ

所92-1185 Ali'inui Drive, Kapolei
交ワイキキから車で約40分
☎866-443-4763 料$604 〜

コオリナ&カポレイへの ACCESS

レンタカーの場合、ワイキキからH1を西へ走ると約30分でカポレイへ。西の終点まで走ると、約45分でコオリナへ。ザ・バスの場合、アラモアナからC・40番でカポレイまで約1時間10分。コオリナまで約1時間30分。

ディズニーリゾートのおみやげ

ホテル内のショップ「カレパ・ストア」 **MAP** 付録P.3 B-4 では、アロハシャツを着たミッキーやキャラクター形のクッキーなど、リゾート限定のアイテムを購入できます。

ハワイらしさあふれるオアフ島のローカルタウン／コオリナ&カポレイ

フォーシーズンズリゾート内

洗練された イタリアン／

■開放的な雰囲気で食事を ■トリュフとマッシュルームが香り高いタリアッテレ$36はシグネチャー料理のひとつ ■アヒのカルパッチョ$25

緑冴えるノーブルな空間でイタリアンを

ノエ NOE

ハワイ産はもとより、吟味を尽くした世界中の食材を使い、南イタリア料理を提供するハイエンドなレストラン。テラステーブルが多く、まぶしいほどの緑が趣を添える。

MAP 付録P.3 B-4　　　　　　　　　　コオリナ

☎808-679-3347 🕐17:00～21:00
休 無休

マリオット・コオリナ内

■リゾート感にあふれる景観がここちいい ■まぐろの厚みに驚くブランチメニューのアヒバーガー$27 ■ぷりぷりハマグリが絶品のリングイネ$40

美しいオーシャンビューが目の前に

ロンギーズ・コオリナ Longhi's Ko Olina

オープンエアの店内から広がる海を一望。朝食からバータイムまでカバーするオールデイダイナーで、一流シェフが腕を振るう多彩なハワイ＋アメリカン料理が味わえる。

MAP 付録P.3 B-4　　　　　　　　　　コオリナ

☎808-671-8887 🕐8:00～15:00、16:00～21:00（金・土曜は～21:30）休 無休

アウラニ・ディズニー・リゾートはダニエル・K・イノウエ空港間や有名ショッピングセンターへの直通シャトルバスが出ているので便利です。

わざわざ行く理由があります。
話題のエリア、コオリナ&カポレイ

**大型ショッピングスポットが
そろってます**

観光客の利用が比較的少なく、ロコ気分で
ショップめぐりや食べ歩きが楽しめます。

ほしいものは
な〜んでもそろいます♪

KA MAKANA ALI'I

水・日曜にはファーマーズ・マーケットも開催

南西部の巨大ショッピングモール

カ・マカナ・アリイ
Ka Makana Ali'i

100以上の店舗がずらりと軒を連ね
るオープンエアの広大なモール。ウ
エアはもちろん、ホーム雑貨やコス
メ、カフェとカテゴリーは幅広く、ア
メリカの人気ショップが多数。

MAP 付録P.3 B-4　　　　　　　カポレイ

所 91-5431 Kapolei Pkwy., Kapolei
交 ワイキキから車で30分。H-1西行きを
EXIT 7で降りてすぐ ☎ 808-628-4800
営 10:00〜21:00(日曜は〜18:00)
休 店舗により異なる

まとめ買いがお得な
バス&ボディ・ワークス

アロマキャンドル$
13.95。スターフルー
ツ&キウイの香り

ロコに大人気の
ハンバーガーも
いただきます

『ファイブ・ガイズ』
の大人気メニュー、
ベーコンチーズバーガー $11.79

敷地内に個別で店舗が建つアメリカスタイルのモール

アルタは全米
で1200店舗を
展開するコス
メショップ

ULTA

オフプライスショップで
お得に買い物を

最新ファシリティを誇る映画館やオフプライスの人気店が

カポレイ・コモンズ
Kapolei Commons

オフプライスショップの2大巨頭マーシャルズとロス・フォ
ー・ドレスの両方がそろっていることに注目。そのほか18店
舗の飲食店をはじめ、ダウントゥアースやターゲット、最新設
備の映画館、コスメ専門ショップのアルタ・ビューティーも。

MAP 付録P.3 B-4　　　　　　　カポレイ

所 4450 Kapolei Pkwy., Kapolei 交 ワイキキから車で30分。H-1
西行きをEXIT 1で降りてすぐ ☎ 808-203-2242
営 10:00〜21:00(日曜は〜18:00) 休 店舗により異なる

アンクル・ラニのポイモチ
カ・マカナ・アリイ内にある「アンクル・ラニ」 MAP 付録P.3 B-4の、ポイ（タロイモ）を使ったポイモチは、ローカルにも人気。立ち寄ったら、食べておきたいスイーツです。

巨大なアクティビティ
施設も♪
アスレチックやウォーターテーマパークなども充実。アウトドア派はぜひ！

巨大アスレチックが大人気
コーラル・クレーター
アドベンチャー・パーク
Coral Crater Adventure Park

ジップラインやアスレチック、クライミングなど、自然のなかでさまざまなアクティビティを体験できるアドベンチャーパーク。

MAP 付録P.3 B-4　　　　カポレイ
所91-1780 Midway Rd., Kapolei 交カ・マカナ・アリイ・ショッピングモールから車で5分 ☎808-626-5773 開9:00～17:00 休無休 料ジップライン＆アドベンチャータワーパッケージ$179.99～

ジップラインに挑戦！

ゴール地点！

吊り橋やアスレチック、バギーやシューティングゲームなども体験できる

子どもから大人まで楽しめるアクティビティが満載！

ウォータースライダーも大人気

©Jag Express、
Photographer:Heather Del Carlo

落ちないように気をつけて！

水遊びの醍醐味を体感できるウォーターパーク
ウェット・アンド・ワイルド・ハワイ
Wet'n'Wild Hawaii

約3万5000坪の敷地に広がる、巨大ウォーターパーク。世界最大級のハーフパイプを滑るシャカなど、アトラクションが豊富。

MAP 付録P.3 B-4　　　　カポレイ
所400 Farrington Hwy., Kapolei 交ワイキキから車で約30分。H1で西に向かい、EXIT 1Eを出てすぐ ☎808-440-2914 開10:30～15:30（時期変動あり、公式HPで要確認）休月により変動あり 料入場券$68.05

アトラクションは25種以上がそろう

パラダイス・コーブ・ビーチ MAP 付録P.3 B-4は、フォーシーズンズの隣にあるパブリック・ビーチ。運が良ければウミガメに会えることも。

ローカルタウンで
おいしいもの見つけました

プチトリップを楽しむときに、ぜひプランに組み入れたいのがグルメ。
散策途中に恋しくなるスイーツやしっかりエネルギーを補給してくれる
ハワイ名物の料理などロコに交じって人気の味を試してみませんか?

フルーティー・フレンチ・トースト $19

Fruity French Toast

きれいに並ぶ3種の新鮮フルーツと相性のいいローストココナッツが味の決めで

Huli Huli Chicken

フリフリチキン ハーフ$14.99～

トリップアドバイザーのエクセレンス認証を8年連続で受賞している名物料理

フレッシュ・アヒボウル $16.99～

Fresh Ahi Bowl

ポケは常時7～8種から好みをチョイスできる。ネギやヒッコなどトッピング無料

パパイヤ・ボート $15

Papaya Boat

パパイヤの中身はチキンとクランベリーのミックスサラダ。バルサミコのヴィネグレットソースで

Banana Chantilly Pancakes

バナナ・シャンティリー・パンケーキ $13～

バナナを生地に練りこんだ真ん丸の大きなパンケーキは創業時からの名物メニュー

フリフリチキンはここも名店
ハレイワのレイズ・キアヴェ・ブロイルド・チキン **MAP** P.86も行列覚悟の人気店。週末だけマラマ・マーケット駐車場内で営業中。

ピスタチオ・
パンケーキ
$12～

Pistachio Signature Pancakes

ピスタチオ入りの新鮮な生地に濃厚でマイルドなピスタチオクリームがたっぷり

Garlic Butter Shrimps

ガーリックバター・
シュリンプ
$16.23

ニンニクバターが絡むエビは弾力があって食べごたえ抜群。2スクープのライスとサラダ付き

極みのレシピが冴えるブランチカフェ

Ⓐ モエナ・カフェ　Moena Cafe

モアナ サーフライダー出身のオーナーが手がける料理はどれもが看板メニューといえるほどで、味はグルメなロコの折り紙付き。

MAP 付録P.2 E-4　　　　　　　　　ハワイ・カイ

🏠 7192 Kalanianaole Hwy. #D-101 🚇 ココ・マリーナ・センター内 ☎ 808-888-7716 🕐 7:00～14:30 休 無休

ジューシーなローストチキンの有名店

Ⓑ マウイ・マイクス　MAUI MIKE'S

「フリ」はハワイ語で「回す」の意味。1羽ごとくるくる回しながらじっくり炎でブロイルしたチキンはいくらでも食べられるおいしさ。

MAP 付録P.2 E-3　　　　　　　　　カイルア

🏠 1020 Keolu Dr., Kailua 🚇 エンチャンテッド・レイク・センター内 ☎ 808-261-5900 🕐 11:00～20:00 休 無休

ひと味異なる個性派のポケは行列必至

Ⓒ オフ・ザ・フック・ポケ・マーケット　Off the Hook Poke Market

店内で仕込んだ煮切り醤油やコールド・ジンジャーで味付けされる新鮮ポケ、ほうれん草の酢飯などオリジナリティがきらりと光る。

MAP 付録P.4 D-1　　　　　　　　　マノア

🏠 2908 E. Manoa Rd. 🚇 イースト・マノア通り沿い、スター・バックスの隣 ☎ 808-800-6865 🕐 10:00～18:00 休 日曜

ロコが愛するブランチメニューが充実

Ⓓ シナモンズ　Cinnamon's

創業以来ロコから熱烈な支持を受け続けるダイナー。アメリカンな味わいがそろい、とくに多彩なパンケーキやスキレット料理で有名。

MAP P.84　　　　　　　　　カイルア

🏠 315 Uluniu St., Kailua 🚇 ウルニウ通り、入口はカイルアスクエアの駐車場サイド ☎ 808-261-8724 🕐 7:00～14:00 休 無休

米国ベストフードトラック25に選定

Ⓔ ビッグ・ウェーブ・シュリンプ　Big Wave Shrimp

料理人タレントのガイ・フィエリが絶賛したガーリック・シュリンプがいち押し。ぷりぷりエビとたっぷりめニンニクの黄金コンビ。

MAP P.86　　　　　　　　　ハレイワ

🏠 66-521 Kamehameha Hwy., Haleiwa 🚇 カメハメハ道路沿い、ショートブリッジ手前の南側 ☎ 808-744-0555 🕐 10:00～18:30 休 無休

ハワイらしさあふれるオアフ島のローカルタウン／ローカルタウンのおいしいもの

ガーリック・シュリンプの本場はカフクがあるノースショア。足を延ばして発祥の地で食べるとさらに美味です。

ハワイでは珍しい北欧風。ネイビーカラーにこなれ感あり$1.49
➡P.43 ワイキキ・マーケット

パイナップルの図柄がハワイ感大。使いやすい軽量タイプ各$14.99
➡P.36 ホールフーズ・マーケット クイーン

ハワイの風景画入り。長めショルダーで肩掛け楽ちん$20
➡P.46 ハウス・オブ・マナ・アップ

✿ ハワイで手に入れたい！

エコバッグ

ビニール製レジ袋の配布が一切禁止になったハワイでは、エコバッグは必需品。おみやげとしてはもちろん、自分用にも丈夫で持ち歩きやすいお気に入りを探してみて。

荷物をどんどん放り込める頼もしいワイド底幅$24.99
➡P.43 ワイキキ・マーケット

スモーキーな色味とリネン素材でおしゃれ度アップ$12.59〜
➡P.37 ダウントゥアース

ロゴ入りのハレイワ店限定ミニトート（右）とホノルル店限定のパタロハ（左）。各$22〜

重い食品類もへっちゃらの綿入れショルダー$24.99
➡P.36 ホールフーズ・マーケット クイーン

ハレイワ店は大木を生かしたテラスハウス風

パタゴニア
patagonia

世界で知られるパタゴニアもトートバッグが大人気。ハワイにはハレイワ店とホノルル店があり、いずれも店舗限定のバッグを展開。とくにpatagoniaとalohaをかけ合わせたハワイオンリーの「pataloha」ラインに注目を。

MAP 付録P.10 E-3　　　　ワード
所 535 Ward Ave. 交 ワード通りとカワイアハオ通りの東角 電 808-593-7502
営 10:00〜19:00（土・日曜は〜18:00）
休 無休
ハレイワ店は**➡P.86**

ホノルル店は豊富なアイテム数を誇る巨大空間

オアフ島から
ネイバーアイランドへ

オアフ島を遊び尽くしたら、今度はさらに足を延ばして、
ネイバーアイランド(隣島)に行ってみるのはいかがでしょう。
大迫力の火山や頭上に輝く満天の星、
サーファーが集まるおしゃれタウンや日系移民の歴史を感じるエリアなど、
そこには、まだ見ぬハワイの魅力が詰まっています。

ビーチの側で
かわいい車を
発見♡

ネイバーアイランドはこんな感じです

オアフ島から飛行機で1時間程度で行ける隣島に、いま注目が集まっています。
ハワイ諸島最大の島であるハワイ島や、ウインドサーフィンが盛んなマウイ島、
渓谷が美しいカウアイ島など、オアフ島にはない魅力がいっぱいです。

大自然の絶景や、各種マリン
スポーツ、ノスタルジックな
街並みなど、見どころがたくさん

マウイ島
Maui Island

ハレアカラ＆モロキニ島 ➡P.98
メイド・イン・マウイを探しに ➡P.100
サーファーグルメ ➡P.102
ヒップな街、パイアへ ➡P.104

パイア ➡P.104

ウインドサーフィンの
メッカで、古い街並み
を生かしたおしゃれ
なショップも多い

ラハイナ

1840年代に捕鯨基地として
栄えた港町。2023年8月の
火災被害により、現在一般の
立ち入りは禁止されている

ワイレア

ゴージャスなホテルやゴルフ場、ショッピ
ングモールなどが集まる高級リゾート

「ガーデンアイランド」とも
呼ばれるハワイ諸島最古の島。
熱帯雨林や渓谷など、手つかずの
自然が残っている

カウアイ島
Kauai Island

大自然にふれる ➡P.114
映画のロケ地を訪ねる ➡P.117

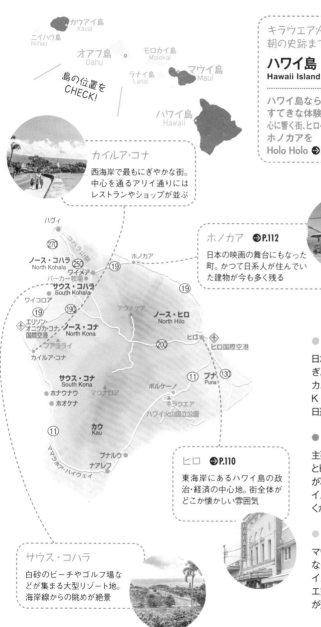

カウアイ島
Kauai

ニイハウ島
Niihau

オアフ島
Oahu

モロカイ島
Molokai

ラナイ島
Lanai

マウイ島
Maui

ハワイ島
Hawaii

島の位置を
CHECK!

カイルア・コナ
西海岸で最もにぎやかな街。
中心を通るアリイ通りには
レストランやショップが並ぶ

キラウエア火山などの世界遺産から、ハワイ王
朝の史跡まで、歴史的にも貴重なスポットが残る

ハワイ島
Hawaii Island

ハワイ島ならではの
すてきな体験 ➡P.106
心に響く街、ヒロへ ➡P.110
ホノカアを
Holo Holo ➡P.112

ホノカア ➡P.112
日本の映画の舞台にもなった
町。かつて日系人が住んでい
た建物が今も多く残る

ハヴィ

コハラ山脈

270

ノース・コハラ
North Kohala

250

ワイメア

バーカー牧場

サウス・コハラ
South Kohala

ワイコロア

ホノカア

19

19

19

190

**エリソン・
オニヅカ・コナ
国際空港**

ノース・コナ
North Kona

フアラライ

カイルア・コナ

アウナケア

ノース・ヒロ
North Hilo

200

ヒロ

ヒロ国際空港

サウス・コナ
South Kona

ホナウナウ

ホオケナ

マウナロア

ボルケーノ

11

130

プナ
Puna

キラウエア

ハワイ火山国立公園

11

カウ
Kau

プナルウ

ナアレフ

サドル・ロード・ハイウェイ

日本からのアクセス

● **マウイ島**

日本からの直行便はなく、ホノルルで乗り継
ぎ。マウイ島には3つの空港があり、そのうち
カバルア空港とカフルイ空港へダニエル・
K・イノウエ国際空港から国内線直行便が毎
日運航しています。所要約40〜50分。

● **ハワイ島**

主要空港はエリソン・オニヅカ・コナ国際空港
とヒロ国際空港で、日本からはハワイアン航空
が羽田—コナ間の直行便を運航。ダニエル・K・
イノウエ国際空港とハワイ島を結ぶ便は数多
くがデイリー運航しています。所要約45分。

● **カウアイ島**

マウイ島と同じく日本からの直行便は運航が
なく、ホノルルで乗り継ぎます。ダニエル・K・
イノウエ国際空港から、旅の拠点となるリフ
エ空港へ毎日1時間に1〜2便程度の国内線
が飛んでいます。所要約40分。

ヒロ ➡P.110
東海岸にあるハワイ島の政
治・経済の中心地。街全体が
どこか懐かしい雰囲気

PALACE

サウス・コハラ
白砂のビーチやゴルフ場な
どが集まる大型リゾート地。
海岸線からの眺めが絶景

マウイ島らしい風景に出会える
ハレアカラとモロキニ島へ

マウイ島最高峰の山「ハレアカラ」はサンライズが美しいことで知られるパワースポット。
一方で、モロキニ島周辺の海は透明度抜群で、多くの熱帯魚に出会える場所。
せっかくだから、山も海ともに制覇しちゃいましょう。

古代ハワイアンがあがめた
神聖な場所

1 太陽が昇ると、言葉にできないほど美しい景色が広がる **2** 眼下に雲海が広がる神秘的な光景 **3** 澄み渡る空気に包まれた神々しいまでの情景を求め、世界中から観光客が訪れる

ハレアカラ国立公園 Haleakala National Park

「太陽の家」を意味するハレアカラは、標高3055mの休火山。古代からハワイアンたちにより聖地としてあがめられてきた。現在は国立公園に指定されている。山頂付近は気温が低くしっかりとした防寒着が必要なほどだが、そのぶん空気が澄んでいるため、サンライズや星空観賞の名所としても有名。山頂までは車で上れる。

MAP 付録P.16 D-3 　　　　ハレアカラ
【ハレアカラ・ビジター・センター】
所 Haleakala Visitor Center 交 カフルイから車で37・377・378号線を走り、約1時間15分 電 808-572-4400(本部) 時 8:30〜16:30(トイレは24時間使用可) 休 無休 料 ハレアカラ国立公園入園料(3日間有効)車1台につき$30、バイク$25、自転車・ハイカー$15
※日の出観賞は公式サイトより60日前までに事前予約($1)が必要 URL www.recreation.gov

\おすすめツアー/

神秘的な風景は驚きの連続
ハレアカラ・サンセット＆
スターゲージング・ツアー
Haleakala Sunset & Stargazing tour

MAP 付録P.16 D-3 　　　　ハレアカラ
【マウイ・オールスターズ】電 808-757-0528
(日本語可、9:00〜17:00) 休 水曜
料 $235 URL mauiallstars.com (日本語)

• TOPICS •

珍しい動植物に会えるかも
ハレアカラでは、希少な動植物に出会えるチャンスも。標高2000m以上に生息する高原植物シルバーソードが山頂付近で見られるほか、ハワイの州鳥ネネの姿も見られる。

シルバーソード

ネネ

Schedule

14:00〜	各ホテルにお迎え
15:45〜	クリスピー・クリーム・ドーナツに立ち寄り
17:00〜	クラ・ロッジで休憩
18:00〜	ハレアカラ国立公園到着
	サンセット観賞
19:00〜	星空観賞
22:00〜	ホテル到着

映画のロケ地「ハレアカラ」

ハレアカラはアメリカのSF映画『2001年宇宙の旅』の撮影や、NASAの訓練に使われたことも。宇宙にいちばん近い場所ともいわれ、神秘的な光景が広がります。

朝食やランチ付き♡

ツアーではウミガメが多く集まるタートルタウンがハイライト

透明度抜群の海でシュノーケリングを

モロキニ島 Molokini Island

マウイ南西の沖合に浮かぶ小さな無人島。モロキニ島周辺の海は高い透明度を誇り、シュノーケリングのメッカとして有名。海鳥保護区に指定されているため上陸はできないが、色とりどりのサンゴや熱帯魚が生息し、多くの観光客を魅了している。日本語でのツアーがあるのもうれしい（要事前予約）。

MAP 付録P.17 B-4

1 サンゴ礁に囲まれたモロキニ島。マウイ島から双胴船カタマランに乗って向かう 2 バーベキュースタイルのランチでは作りたてのバーガーやサラダなどが提供される 3 モロキニ島は火山の噴火口の一部が海上に現れたもの。その噴火口内でシュノーケルができる

＼おすすめツアー／

日本語ガイドと透明度抜群のモロキニ島へ

モロキニ・シュノーケリング・ツアー ベスト・マウイ・シュノーケリング
Molokini Snorkeling Tour Best Maui Snorkeling

MAP 付録P.17 B-3　　　　マアラエア

【プライド・オブ・マウイ】
住 101 Maalaea Rd., Wailuku
交 マアラエア港でチェックイン
電 808-242-0955 休 無休
料 $179～（朝食、昼食、ドリンク付）
Email Japan@prideofmaui.com

Schedule

7:30～	乗船
8:00～	シュノーケリング開始
13:00～	ツアー終了

> TOPICS

透明度バツグンの海中世界がすごい

モロキニ島周辺は、最高で40～50m、通常でも20m以上という抜群の透明度を誇るスポット。海底が見えるほど、透明度が高い。

ハレアカラ国立公園は午前3～7時の間の車の立ち入りは完全予約制。個人でも行けますが、ツアー参加がおすすめです。

メイド・イン・マウイを
探しに行きませんか？

マウイ島は豊かな土壌と太陽の恵みを受けたおいしい農作物の宝庫です。
ハレアカラ山麓の農場をめぐったり、スーパーで地元産の食材を見つけたり…。
マウイならではのおみやげを探すのも楽しいですよ。

✿ マウイのファームを見学しましょう

自家製の野菜をどうぞ

8エーカーを誇る広大なファーム

オオ・ファーム
O'o Farm

「ファーム・トゥ・テーブル」という地産地消の理念を持ち、有機栽培にこだわるファーム。コーヒーや柑橘系のフルーツ、野菜などを栽培している。観光客向けにファーム内のツアーも開催。

MAP 付録P.17 C-3　　　　　　　クラ

所 651 Waipoli Rd., Kula
交 ワイポリ通り沿い
電 808-856-0141
営 コーヒー＆ブランチ・ツアーは8:30～11:30、
グルメランチ＆ファーム・ツアーは10:30～13:30
休 土・日曜　料 $135～

■① 農園では、地元のレストランに卸す食材を育てている ② 熟したコーヒーの実は赤い ③ オオ・ファームのコーヒーチェリーを使ったハーブティー $40 ④ 収穫したばかりの野菜を味わえる

品よく香るラベンダー製品がずらり

アリイ・クラ・ラベンダー
Ali'i Kula Lavender

広い農園にはラベンダー製品のショップが併設され、スキンケア用品を目当てに遠くから足を運ぶ人も多い。独特の上品な香りに癒やされて。

MAP 付録P.17 C-3　　　　　　　クラ

所 1100 Waipoli Rd., Kula 交 ワイポリ通り沿い
電 808-878-3004 営 10:00～16:00 休 火・水・木曜
料 入場料$3

■① ラベンダーのハンド＆ボディローション $8～ ② ラベンダーハニー $15.50 ③ 一年を通して7～9種のラベンダーが花を咲かせる。ピークは7～8月 ④ 広大な園内は散策自由。歩きやすい靴と上着を忘れずに

ロコ御用達のスーパー!

MAP 付録P.17 C-3

ヤギ牧場にも立ち寄って

クラの西部、オマオピオ通り沿いには、ヤギ牧場のサーフィン・ゴート・デイリー **MAP 付録P.17 C-3** があります。ヤギモチーフのギフトやチーズを販売しています。

スーパーはマウイみやげの宝庫です

1地元メイドの商品には「マウイ産」と日本語表記も 2プルメリアの香りのローション 3マウイ発の日焼け止め 4リップクリームなどオリジナルアイテムもかわいい 5キアヴェの生はちみつ 6地元産の紅茶も人気

地元で採れた食材には「LOCAL」の文字が表示されている

ローカルメイドが充実

マナフーズ
MANA FOODS

地産地消を推奨するスーパー。手ごろな価格でオーガニックの食料品やコスメ、オリジナル商品などを扱う。日本語のマップも用意。

MAP P.105 パイア

住 49 Baldwin Ave., Paia
交 ボールドウィン通り沿い
電 808-579-8078
営 8:00〜20:30 休 無休

ファーマーズ・マーケットも人気です

1ハワイ大学マウイ校の敷地内で開催 2ビーガン向けのカップケーキは朝食にぴったり ※日によって出店は異なる

スワップミートでレアみやげをチェック

マウイ・スワップミート
Maui Swap Meet

毎週土曜の朝に開かれ、ロコたちでにぎわう青空マーケット。店員と、値段交渉やおしゃべりをしながら、コミュニケーションをとるのも醍醐味。

MAP 付録P.17 B-2 カフルイ

住 UH Maui College, 310 W. Ka'ahumanu Ave., Kahului
交 ハワイ大学マウイ校駐車場、ウエスト・カアフマヌ通り沿い
電 808-244-3100 営 土曜7:00〜13:00
料 入場料75¢

マナフーズは日本語のHPが充実。ストアマップもあるので事前にチェックしてみましょう。

海帰りのサーファーが愛する おいしいグルメを見つけました

海で体を動かしたあと、サーファーたちが行く先は、地元の食通スポット。
ボリューム満点の料理から食べ歩きスイーツまで、ロコお墨付きの店ばかり。
マウイならではの味わいを楽しんでみましょう。

近海で獲れた新鮮フィッシュ

いくらでも食べられる至福のアヒ丼

Fish Burger
A

ボリューム満点のフィッシュ・バーガー$13。フライドポテト追加は+$2.50

Ahi Bowl
B

一番人気のスパイシー・アヒ・ボウル$14。トビコとマヨネーズソースが美味

B級グルメが最高!

濃い味付けの肉×ご飯が◎

Plate Lunch
B

プレートランチ$15。甘辛い味付けのチキンとポークの相性が抜群

リーズナブルでボリューム満点!

Pork Fried Rice
C

ポーク・フライドライス・アンド・エッグス$11.95。炒飯好きな日本人も納得の味付け

A パイア・フィッシュ・マーケット
Paia Fish Market

地元の新鮮なシーフードを味わう

明るく開放的な店内で、近海から揚がる鮮魚の刺身やバーガー、パスタなどを味わえる。

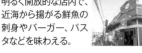

MAP P.105 　　　　　　 パイア

所 100 Hana Hwy., Paia 交 ハナ・ハイウェイとボールドウィン通りの角
電 808-579-8030
営 11:00〜21:00 休 無休

B クアウ・ストア
Kuau Store Maui

アヒ・ボウルやプレートランチが人気

ホオキパ・ビーチにいちばん近いグローサリーストア。各種雑貨から軽食まで、幅広く取り扱う。

MAP P.105/付録P.17 C-2 　　 パイア

所 701 Hana Hwy., Paia 交 ハナ・ハイウェイ沿い
電 808-579-8844
営 7:00〜19:00 休 無休

C キヘイ・カフェ
Kihei Caffe

ロコスタイルの朝食を楽しむカフェ

キヘイ・カラマ・ヴィレッジにある行列必至のカフェ。ボリューム満点のロコフードが人気。

MAP 付録P.17 C-3 　　　　 キヘイ

所 1945 South Kihei Rd., Kihei 交 サウス・キヘイ通り沿い
電 808-879-2230
営 6:00〜14:00 休 無休

オーガニックなこだわりピザ
「フラットブレッド・カンパニー」

アメリカ本土やカナダで展開するフラットブレッド・カンパニーのパイア店 **MAP** P.105。フラットなピザ生地にハワイの伝統料理カルアピッグをのせたモプシーズ・カルア・ポーク$18.50〜が人気。

ココナッツのボウルは持ち帰りOK

Mango
Raspberry

E

ラズベリーの酸味とトロピカルなマンゴーが絶妙にマッチ$14

ガツンとした甘さにノックアウト

Donuts

F

レインボー・スプリンクル・スティック(上)$3とスティック・ドーナツ(下)$2.75

アイスとシャーベットの中間!?

Sherbet

D

クリントン元大統領も気に入って絶賛。グリグリ2スクープ$1.80〜

フレッシュフルーツの名物シロップ

E

Pineapple

ココナッツクリームとパイナップルの王道コンビネーション$9〜

お目当ての店へ♪

D タサカ・グリグリ
Tasaka Guri Guri

100年以上続く老舗デザート店

独特な食感の手作りアイス「グリグリ」を販売。フレーバーはパイナップルといちごの2種類。

MAP 付録P.17 C-2　　カフルイ

🏠 70 East Ka'ahumanu Ave., Kahului
🚗 マウイ・モール・ヴィレッジ内
📞 808-871-4513
🕐 10:00〜16:00　休 日曜

E ワイコモ・シェイヴ・アイス
Waikomo Shave Ice

マウイ島かき氷人気トップ5の常連

ふわっと軽くてきめ細かな氷に生フルーツ100%で作る無添加シロップとマウイハニーをオン。

MAP P.105　　パイア

🏠 43 Hana Hwy., Paia
🚗 ハナ・ハイウェイ沿い
📞 808-651-5169
🕐 12:00〜17:00（水曜は11:00〜）　休 月曜

F コモダ・ストア＆ベーカリー
Komoda Store & Bakery

常に行列ができるマウイの名物パン屋

1916年創業のベーカリー。世代を超えてロコに愛され続けるスティック・ドーナツが名物。

MAP 付録P.17 C-3　　マカワオ

🏠 3674 Baldwin Ave., Makawao　🚗 ボールドウィン通り沿い　📞 808-572-7261
🕐 7:00〜13:00　休 日・水曜 ※年に2回(4月と9月)長期休暇あり

コモダ・ストア＆ベーカリーは、ドーナツやパンを大量買いするロコで行列ができることも。素朴なクッキーもおいしいですよ。

マウイのトレンドはココから
ヒップな街、パイアへ

ウインドサーフィンのメッカ、ホオキパ・ビーチからほど近いパイアには、
ヘルシーグルメやエコアイテムを扱うショップなど、魅力的な店が集まっています。
マウイ愛に満ちた店をあれこれめぐってみませんか？

Gourmet

■13 カフェ・デ・ザミは数あるダイナーのなかでも評判の店　2 街を歩くとダイナミックな壁画に出会える　4 パイア・フィッシュ・マーケット◎P.102は街のランドマーク的存在　5 パイア・ベイ・コーヒー＆バーの陽気な店員さん。マウイ産の食材を活かしたヘルシーな朝食が楽しめる

朝食に◎のアサイボウル$16。季節のフルーツがトッピングされる

ジェラートはカップかコーンを選んで。フレーバーも多彩。スモール$7.95〜

サラダたっぷりのモッツァレラとトマトのクレープ$15.50

自然に囲まれた隠れ家的カフェ

A パイア・ベイ・コーヒー＆バー
Paia Bay Coffee & Bar

緑あふれる空間が魅力のカフェ。食材の多くにマウイ産を使用。バー営業時にはロコミュージシャンによる音楽ライブも。

MAP P.105

所 120 Hana Hwy., Paia
交 ハナ・ハイウェイ沿い
📞 808-579-3111 営 7:30〜22:00（日曜は〜18:00）
休 無休

さっぱりとしたイタリアンジェラート

B パイア・ジェラート
Paia Gelato

地元産のフレッシュな生乳と果物を使ったイタリアンジェラート店。濃厚でクリーミーながら、さっぱりとした味わい。

MAP P.105

所 99C Hana Hwy., Paia
交 ハナ・ハイウェイ沿い
📞 808-579-9201
営 7:00〜21:00
休 無休

おしゃれなクレープやカレーが人気

C カフェ・デ・ザミ
Café des Amis

おしゃれな店内とテラス席が自慢のカフェ。メニューも豊富で朝食からディナーまで、しっかり食事がとれる。

MAP P.105

所 42 Baldwin Ave., Paia
交 ボールドウィン通り沿い
📞 808-579-6323
営 11:00〜20:30（土・日曜は9:00〜）
休 無休

ぐるっと回って 60分

バイアおさんぽアドバイス

20分ほどで歩ける小さなエリアに、多くの店が集まっています。メインストリートのボールドウィン通りを中心に回りましょう。

おすすめの時間帯

P.102 **クアウ・ストア** S
Kuau Store Maui

バイア湾

N
0　　　200m
周辺図 付録P.17

バイア・ベイ コーヒー&バー 36
Paia Bay Coffee & BAR

Hana Hwy.

バイア・ジェラート T
Paia Gelato
バイア・イン H
ワイコモ・シェイヴ
アイス P.103
Waikomo Shave Ice
ウイングス・ハワイ E
Wings Hawaii
ビアサ・ローズ D
Biasa Rose
P.102 バイア・フィッシュ
マーケット R
Paia Fish Market

チョイス
A
アリス・イン
フラランド
Alice In Hulaland
マヒナ S
マナフーズ P.101 S
MANA FOODS

カフェ・デ・ザミ G
Café des Amis
P.103 フラットブレッド・カンパニー
Flatbread Company

マカワオ

Baldwin Ave.
Hoki P.

オアフ島からネイバーアイランドへ／バイア

Shop

6 街を歩けば、おしゃれガールがあちこちに。着こなしの参考になりそう　7 通り沿いのショップは看板や外観もフォトジェニック　8「ウイングス・ハワイ」のスタッフ。気さくなロコとの出会いも街の魅力　9 海帰りの若者がふらりと訪れる場所。水着ショップもある

シーソルトを含んだクリーミーなマウイ産ソープ各$10

古着からエコアイテムまで
多彩な品ぞろえが人気

D ビアサ・ローズ
Biasa Rose

使い勝手のいいパイナップル柄のタオル$27

1991年から続くショップ。オーナーが厳選した雑貨やロコアーティストの製品を扱う。奥には古着コーナーも。

MAP P.105

所 104 Hana Hwy., Paia
交 ハナ・ハイウェイ沿い　☎ 808-579-8602
営 10:00～18:00（日曜は10:30～）
休 無休

自分好みのサイズ（S、M、L）が選べるポーチ

エココンシャスなアクセサリーに注目

E ウイングス・ハワイ
Wings Hawaii

カーネリアンのブレスレットなど種類豊富

オーガニック素材と天然染色にこだわった洋服や、オーナーみずからデザインした天然石ジュエリーを扱う。

MAP P.105

所 100 Hana Hwy., Paia
交 ハナ・ハイウェイ沿い　☎ 808-579-3110
営 10:00～18:00
休 無休

バイアからほど近いマカワオはカウボーイが住むローカルタウン。老舗店と旬なショップが並んでいます。

ハワイ島ならではの
すてきな体験しませんか?

ハワイ最高峰のマウナケアや世界遺産のキラウエアなど、
スケールの大きな自然が多く残るハワイ島では、遊び方も多種多様。
星空観測からコーヒー農園見学まで、ここでしかできない体験をしましょう。

#1 世界一の 星空に出会う

澄んだ空の下で無数の星を観賞

周囲に余計な光がないため、通常では見られない小さな星々も見える

山頂は氷点下になることも。温かい下着やジャケットを持参して

冬になると山頂に雪が積もり、さらに神秘的な光景に

マウナケア
Mauna Kea

ハワイ語で「白い山」を意味するマウナケアは、ハワイ最高峰の標高4205mを誇る。気候が安定しているため、頂上付近には日本の望遠鏡「すばる」を備えた国立天文台をはじめ、世界各国の天文台が設置されている。星空も美しいが、日の出もまた格別。日本語ガイド付きのツアーで訪れるのが安心。

MAP 付録P.19 C-2 　　　マウナケア

【オニヅカ・ビジター・センター】
所 マウナケアの標高2800m地点

すばる望遠鏡って?

Topics

すばる望遠鏡は国立天文台ハワイ観測所が運用する日本の光学赤外線望遠鏡。マウナケアの山頂にあり、宇宙のさまざまな現象を発見している。

おすすめツアー

サンセットも星空も堪能
マウナケア山頂
夕陽と星ツアー
Mauna Kea Sunset & Star Gazing Tour

MAP 付録P.19 C-2 　　マウナケア

【マサシのネイチャースクール】
☎ 808-937-5555（日本語、8:00〜16:00）料 $260（防寒具レンタル、送迎、飲み物、夕食、入山料など込）
URL www.minshuku.us（日本語）

Schedule

14:00〜	各集合場所にお迎え
16:00〜	オニヅカ・ビジター・センター到着
18:00〜	マウナケア山頂にてサンセット観賞
19:30〜	標高2800〜3200m付近で星空観賞
21:45〜	集合場所到着

※季節や宿泊先で発着時間が変わります

#2 女神ペレが☆♡棲む火山を探訪

ハワイ火山国立公園
Hawaii Volcanoes National Park

現在も火山活動を続けるキラウエア火山があるハワイ火山国立公園。女神ペレが棲むとされるハレマウマウ・クレーターなど巨大な火口が各所に残り、立ち上る白煙や赤い噴煙が見られることも。また公園内にはハイキングコースや溶岩洞といった魅力的な見どころが多数ある。

MAP 付録P.19 C-3　　キラウエア

【キラウエア・ビジター・センター】
図カイルア・コナから車で約2時間30分、11号線から標識に従って進む

〜おすすめツアー〜

大迫力のクレーターを散策

女神ペレの棲み家とされている巨大なハレマウマウ・クレーター

世界遺産キラウエア火山と
マウナケア山麓星ツアー
World Heritage Site Kilauea Volcano and Star Gazing Tour

MAP 付録P.19 C-3　　キラウエア

【マサシのネイチャースクール】
☎808-937-5555(日本語、8:00〜16:00)
¥$190(入園料、雨具、送迎、飲み物、弁当など込) URL www.minshuku.us(日本語)

スチーミング・ブラフでは草原の間から蒸気が吹き上がる光景が見られる

Schedule

10:40〜	各ホテルにお迎え
14:00〜	ヒロ市街を散策
14:40〜	カメハメハ大王像到着
15:20〜	ビッグアイランド・キャンディーズ到着
16:35〜	キラウエア火山国立公園到着、散策
20:00〜	マウナケア山麓の2000m付近での星空観測
21:30〜	ホテル到着

※季節や宿泊先で発着時間が変わります

周辺には展望台やトレッキングコースもある。一部は閉鎖中なので注意

女神ペレの伝説って?

Topics

火山の神であるペレは勝ち気な性格で、マウナケアに棲む女神ポリアフと何度も戦いを繰り広げた。また、彼女を怒らせるとキラウエア火山が噴火するといわれている。

マウナケアのツアーは、疾患を抱える人や妊婦、ダイビング後24時間以内の人は参加不可など、制限があるので事前にチェックを。

オアフ島からネイバーアイランドへ／マウナケアとキラウエア

ハワイ島ならではの
すてきな体験しませんか?

#3 自然に囲まれて食事する

店内からの眺望。提供されるコナ・コーヒーや野菜は自家農園で栽培したオーガニックを使用

看板メニューのひとつ
自家製リリコイ・チーズケーキ$7.50

ココナツライスにマヒマヒ(しいら)をのせたプレートなど日替わりのメニューも充実

青い海と空に、白い砂浜が映える最高のロケーションで食事を

絶景が美しい展望台のようなカフェ　　グリーン&海view

ザ・コーヒー・シャック
THE COFFEE SHACK

キャプテン・クックの高台から見下ろす絶景が見事なカフェ。ロコに愛される人気店で、テラス席に置かれたジャムにゲッコーが寄ってくるのどかな光景もまた魅力のひとつ。

MAP 付録P.19 B-3　　　　　　　　　キャプテン・クック

所 83-5799 Mamalahoa Hwy., Captain Cook
交 ママラホア・ハイウェイ沿い
電 808-328-9555
営 7:00~15:30 休 水曜

ビーチに突き出たオープンエアのレストラン　　海view

ラバ・ラバ・ビーチ・クラブ
Lava Lava Beach Club

砂浜に設けられたテラス席からのオーシャンビューが圧巻。昼間はもちろん、サンセットが素晴らしい夕方もおすすめ。毎日17時からライブミュージックの生演奏を開催。

MAP 付録P.19 B-2　　　　　　　　　　　ワイコロア

所 69-1081 Kuualii Pl., Waikoloa
交 アナエホオマル・ベイ隣接
電 808-769-5282
営 8:00~21:00 休 無休

オーラが見える洞窟

ハワイ島のマウナ・ラニ オーベルジュ・リゾーツ・コレクション **MAP** 付録P.19 B-2内には、写真を撮るとオーラのような輝きが現れる洞窟があり、多くの観光客が訪れます。

#4 コーヒー農園を訪れる

❶総面積約16haを誇る大農園。遠くには海が見える ❷コーヒーの生豆を焙煎機へ投入 ❸農園見学や焙煎体験などツアーも充実 ❹コナ・コーヒーをたっぷり使ったコーヒーゼリーパフェ ❺店内ではコーヒーの購入や試飲ができる

日本語での焙煎体験やツアーが好評

UCCハワイ
UCC Hawaii

日本のUCCコーヒーの農園。自分で焙煎したコナ・コーヒーをおみやげにできる焙煎体験ツアー（$50、1日6回）が人気。事前にHPで予約を。

MAP 付録P.19 B-2　　　ホルアロア

所 75-5568 Mamalahoa Hwy., Holualoa
交 190号線と180号線ママラホア・ハイウェイの交差点から180号線を5kmほど南下　☎808-322-3789　営9:00〜16:30
休 土・日曜

家族経営の農園。コーヒー豆のほか、カカオやフルーツも

テーブル席からは農園を一望できる。試飲も可能

店内では3種類の豆（4oz）を販売。パッケージもかわいい

ていねいに栽培された無農薬のコーヒー

村松小農園
Pine Village Small Farm

無農薬、有機栽培が自慢のコーヒー農園。日本人の夫婦がオーナーで農園ツアー（要予約）も可能。のどかな風景を眺めながらコーヒーの試飲もできる。

MAP 付録P.19 B-2　　　ホルアロア

所 78-6919 Palekana Rd., Holualoa
交 パレカナ・ロード沿い　☎808-936-0904
営 13:00〜17:00　休 火・木・土・日曜
※不在の場合があるため、事前に連絡を

紹介している2つのコーヒー農園では、無料の見学ツアーがあります。事前に予約していきましょう。

オアフ島からネイバーアイランドへ／自然に囲まれて食事＆コーヒー農園

懐かしさと新しさが交差する 心に響く街、ヒロへ

ハワイ島東側の観光の拠点となるヒロはハワイ島最大の街。
とはいえ街は素朴でのんびりしていて、ロコのふだんの生活が垣間見られます。
ローカルな店やブティック、おしゃれなカフェをめぐるのも楽しいですよ。

1 レトロな建物の壁に大きなアートが。新旧の融合が楽しい

Gourmet

2 築100年以上のレトロな建物が並ぶ　3 ファーマーズ・マーケットでは、地元産の野菜や花が売られている　4 カフェのテラスではロコがのんびりお茶する姿も　5 ハナホウのオーナー、ミシェルさんは街の有名人

ロコモコ発祥の老舗ドライブイン

A カフェ100
Cafe 100

1946年創業。この店が発祥というロコモコは15種以上。ご飯は釜炊きで、ヒロの新鮮な卵を使用。レシピはオープン当時から変わってないのだとか。

ロコモコ$8.80。イート・インはもちろん、テイクアウトもOK

MAP P.111/付録P.18 E-1

所 969 Kilauea Ave., Hilo
交 キラウエア通り沿い
☎ 808-935-8683
営 11:00〜18:00　休 土・日曜

盛り付けがアートなヘルシーカフェ

B ヴァイブ
VIBE

地元で注目のヴィーガンカフェ。ハンバーガーやナチョス、ピザなどをヘルシーに味わえる。どの料理も盛りつけの美しさに定評あり。

オーガニックな食材をふんだんに使ったカプレーゼ$12

MAP P.111/付録P.18 F-2

所 750 Kanoelehua Ave., Hilo #1　交 カノエレフア通り沿い　☎ 808-933-3443
営 8:00〜14:00(土・日曜は〜17:00)
休 無休

ぐるっと回って **120分**

ヒロおさんぽアドバイス
ヒロのダウンタウンは徒歩で回れますが、離れた場所にも見どころが点在しています。タクシーは少なく、レンタカーを利用するのが便利。

おすすめの時間帯

ヒロのファーマーズ・マーケット
毎週水曜と土曜の7〜15時はヒロ・ファーマーズ・マーケット MAP P.111/付録P.18 E-1 が開催され、200以上のベンダーが出店。それ以外の曜日にも小さな市場が出ています。

オアフ島からネイバーアイランドへ／ヒロ

Shop

作りたてのやわらかな餅を堪能

C トゥー・レディース・キッチン
Two Ladies Kitchen

いちご大福$3.75が名物の老舗和菓子屋。たい焼きなど日本らしいものから、ブラウニー餅などユニークなものまで種類豊富。

餅は1個$1.50〜。餅とまんじゅうのセット$9.50〜も

MAP P.111/付録P.18 E-1
所 274 Kilauea Ave., Hilo
交 キラウエア通り沿い
☎ 808-961-4766 営 10:00〜16:00
休 日・月曜

伝統的なクラフトを華麗にアレンジ

D ハナホウ
Hanahou

ハワイの伝統工芸品、ラウハラの帽子や雑貨のほか、地元デザイナーのアクセサリーなど洗練されたセレクトが人気。

1 ラウハラを編み込んだ帽子$188。デザインによって値段が異なる 2 トート使いできるラウハラのバッグ$48〜はショッピングに最適

MAP P.111/付録P.18 E-1
所 160 Kamehameha Ave., Hilo
交 カメハメハ通り沿い
☎ 808-935-4555 営 10:00〜16:00
休 日曜

ヒロ発祥のスイーツ店

E ビッグアイランド・キャンディーズ
Big Island Candies

チョコがけクッキーが大人気。ヒロ本店では工場をのぞいたり、本店限定のスイーツを買ったりすることも。店内では試食も可能。

1 タロイモのショートブレッドコンボ$18 2 さくさく食感のマカダミア・ビスコッティ・バイツ$11はコーヒーやワインのお供に

MAP P.111/付録P.18 F-2
所 585 Hinano St., Hilo 交 ヒロ国際空港からすぐ ☎ 808-935-8890 営 8:30〜17:00（工場見学は平日の8:30〜15:30）休 無休

S シグ・ゼーン P.111
D ハナホウ Hanahou
ヒロ湾 Hilo Bay
リリウオカラニ公園
SCPヒロ
S KTAスーパーストア(本店)
ヒロ・ファーマーズ・マーケット P.111 ベイフロント・ビーチ・パーク
R ロウ・インターナショナル・フード Bayfront Hwy ヴァーナズ・ドライブイン
カメハメハ大王像 Kamehameha Ave. ケンズ・ハウス・オブ・パンケーキ R
ワイロア川州立公園 ワイロア川
C トゥー・レディース・キッチン Two Ladies Kitchen
ホオルル・パーク
エディス・カナカオレ・スタジアム
ヒロ・ランチショップ R
ワイアケア池 Waiakea Pond
カフェ100 A Cafe 100
ワイアケア Waiakea
ビッグアイランド・キャンディーズ E Big Island Candies
アイランド・ナチュラルズ マーケット&デリ
R スイート・ケーン・カフェ
ヴァイブ B VIBE
ケアアウ
0 300m
N
周辺図 付録P.18

ハナホウのオーナーのお兄さんはアロハシャツで有名なシグ・ゼーン MAP P.111/付録P.18 E-1 を経営しています。

映画の主人公気分で
ホノカアを Holo Holo

映画『ホノカアボーイ』で一躍有名になったのどかな田舎町。
古くから日系人と関わりが深く、日本人の名前がついた建物が多く残っています。
建物を眺めながら、シアターや小さなアンティーク店などをホロホロしましょう。

日系人の企業家タニモト氏がオープン

A ホノカア・ピープルズ・シアター
Honoka'a People's Theatre

1930年に建てられた映画館で、一時閉館したものの、1992年にリニューアル。現在は映画上映のほか、各種イベントを開催している。

映画『ホノカアボーイ』の主人公が働いていた

味のあるボードにも注目。チケットは$8

MAP P.113

所 45-3574 Mamane St., Honokaa
図 ママネ通り沿い 📞 808-775-0000
営 上映スケジュールによって異なる

地産カカオを使ったローカルブランド

B ホノカア・チョコレート・カンパニー
HONOKA'A CHOCOLATE CO.

自社栽培のホノカア産カカオを使用したチョコレートがママネ通りの直営店で購入できる。近隣の農園では見学&テイスティング・ツアーを開催。

ハセガワ・ビルディング内の直営店。農園は車で5分ほど

MAP P.113

所 45-3587 Mamane St., Honokaa
図 ママネ通り沿い
📞 808-494-2129
営 11:00〜16:00 休 日曜

種類豊富なチョコレートバー$13〜。おしゃれな箱に入った3種セットは$41〜

移民時代の
建物を
探訪しましょう

イケウチ・アンド・サンズ

ホノカアいち古い家族経営の店。現在は金物店に

アントン・ルース・フェレイラ・ビルディング

日本人大工のイリエ・キヨイチ氏が1927年に建てたビル

ぐるっと回って　60分

ホノカアおさんぽアドバイス

国道240号線ママネ通りに沿って、小さな店やかわいらしい建物が並び、徒歩でめぐることができます。ホノカア・ピープルズ・シアターがランドマーク。

おすすめの時間帯 10〜15

「ワイピオ渓谷」へ

ホノカアから車で約20分ほどの場所にある美しい渓谷「ワイピオ渓谷」 MAP 付録P.19 B-1は、昔王族が住んでいた神聖な場所。少し足を延ばすのもいいですね。

1 2 ロコ御用達のテックス・ドライブ・インは12種のハンバーガーもシグネチャー 3 4 6 素朴な空気感が魅力のホノカアには失われたハワイ本来の光景が残る。ピープルズ・シアターはちょっとした地元の社交場としても活躍 5 ホノカア・チョコレート・カンパニーでは農場ツアーを実施(火〜木曜、14:00〜) 7 今も創業当時の場所で営業するホテル・ホノカア・クラブ

周辺図 付録P.19

イケウチ・アンド・サンズ
マラマ マーケット S
Mamane St
ママネ通り
アントン・ルース フェレイラ・ビルディング
ホノカア本願寺
Lehua St
ホノカア トレジャーズ
ホノカア・ピープルズ・シアター
Honoka'a People's Theatre A
ヤマツカ・ビルディング
カフェ・イル・モンド C
Cafe il Mondo
ハセガワ ビルディング
バンク・オブ・ハワイ
ホノカア・チョコレート・カンパニー B
HONOKA'A CHOCOLATE CO.
P.113
ホテル・ホノカア・クラブ H
テックス・ドライブ・イン D
Tex Drive in
0　　50m

長くロコに愛されるトラットリア

C カフェ・イル・モンド
Cafe il Mondo

三日月形の包み焼きカルツォーネをはじめとするナポリ風ピザが名物。いずれも店内に鎮座する本格的な高温石窯で焼き上げられる。

MAP P.113

所 45-3580 Mamane St., Honokaa
図 ママネ通り沿い
📞 808-775-7711 営 12:00〜16:00
休 月・日曜

屋根のあるテラス席も快適

オリーブやフェタを使ったギリシャ風カルツォーネはとくに評判$18.95

1969年創業の老舗ドライブイン

D テックス・ドライブ・イン
Tex Drive in

店内で作るできたてのマラサダで有名。オムレツやハンバーガーもあり、食事スポットとしても愛されている。

MAP P.113

所 45-690 Pakalana St., Honokaa
図 パカラナ通り沿い 📞 808-775-0598
営 6:00〜18:00
休 無休

中心部からは少し離れた場所にある。広々としたテラス席も

マラサダ$1.30。80¢でフィリングの追加もできる

かつては日系のヤマツカ・テイジ氏が開いた雑貨ストアがあった

ヤマツカ・ビルディング

菓子職人、ハセガワ・セイシロウが商店兼住居として使用していた

ハセガワ・ビルディング

バンク・オブ・ハワイ

1927年建築。地中海などから影響を受けた建築デザイン

ホノカア唯一のホテル、「ホテル・ホノカア・クラブ」 MAP P.113は1918年創業です。窓からの絶景がすてきですよ。

オアフ島からネイバーアイランドへ／ホノカア

113

ガーデンアイランド、カウアイ島で大自然にふれましょう

海岸線や断崖の造形が美しいカウアイ島はハワイ諸島のなかで最も古い島。
ガーデンアイランドと呼ばれ、島固有の植物も多数。
絶景スポットも多く、映画のロケ地としてもたびたび登場しています。

一生に一度は見たい
カウアイ島屈指の絶景

ナ・パリ・コースト
Na Pali Coast

ナ・パリとはハワイ語で「絶壁」という意味。ノースショアにあるカウアイ島屈指の絶景スポット。27kmの海岸沿いにそびえ立つ断崖群は美しく、渓谷をトレッキングすることもできる。ナ・パリを海から見渡すラフトツアーではシュノーケリングも楽しめる。

MAP 付録P.16 E-1

Photo by Bobby Nagao

Na Pali Explorer

Photo by Bobby Nagao

1 空から見た渓谷も絶景。ヘリツアーも人気 2 ラフトボートでのクルーズはエキサイティング 3 イルカやウミガメ、季節によってクジラにも出会える 4 海の状態次第では、ボートで青の洞窟や滝の下を通ることもできる 5 澄んだ海には熱帯魚がたくさん

Photo by Bobby Nagao

TOPICS
カテドラル・クリフが美しい

Photo by Bobby Nagao

断崖群カテドラルは、ナ・パリ・コーストのなかでもいちばんの絶景スポット。カテドラルとは"聖堂"の意味で、550万年かけてこの景観がつくられたのだとか。

おすすめツアー
絶景とシュノーケルは最高の思い出に

ナパリ・コースト・ラフトツアー
Na Pali Coast Raft Tour

MAP 付録P.16 E-1　　　　　　　　ナ・パリ・コースト

[コア・ツアーズ]
Email ohana@koatours.com URL www.koatours.com/jp(日本語)
※問い合せはメールで。日本語可

体験データ
時間:7～14時頃
料金:$245

カウアイ島は島全体がパワースポット

550万年以上前、ハワイ諸島のなかでもいちばん最初に誕生したとされるカウアイ島。壮大な大自然には古代からのマナが宿るといわれ、スピリチュアルスポットとしても人気です。

古代からの自然が残る
ダイナミックな渓谷

Photo by Bobby Nagao

カララウ展望台
美しいカララウ渓谷やナ・パリ・コーストを望む標高1200mの展望台

ワイメア渓谷の山あいに虹がかかることも

Photo by Bobby Nagao

深い海の青と緑が織り成す景色

ワイメア渓谷州立公園／コケエ州立公園
Waimea Canyon State Park / Kokee State Park

険しい岩山や丘、巨大な地層が見事な渓谷は、長い歳月をかけて溶岩や風や雨がつくり出した大自然のアート。内陸側のワイメア・キャニオン展望台や海側のカララウ展望台など、絶景の展望ポイントが多数。

ワイメア・キャニオン展望台
渓谷を一望できる展望台は必見スポット

"太平洋のグランド・キャニオン"の異名をもつ

MAP 付録P.16 E-1

カウアイ出身の名物ガイドBobby長尾がご案内

ていねいな日本語での案内と、さまざまなサプライズが人気

体験データ
時間：8〜17時30分頃
料金：$189〜

＼おすすめツアー／

カウアイ島ツアーのなかで一番人気

ワイメア＆カララウ
2大渓谷ツアー
Waimea Canyon & Kalalau Valley Tour

MAP 付録P.16 E-1　　ワイメア

【コア・ツアーズ】 ●P.114

TOPICS

最古の島ならではのレアな動植物たち

カウアイ島にはハワイ固有の珍しい動植物がいっぱい。美しいミツスイ鳥や香りの良いハイビスカスなど、カウアイだけの希少種も多く見られる。

悲恋の神話で知られるハワイ固有種のオヒア・レフア

カウアイだけで見られるハイビスカス、ワイメアエ

ハワイ語で「プエオ」と呼ばれるフクロウ。神聖な鳥

標高の高い場所は天候が変わりやすいため、平地が晴れていても上は雨が降っていることも。上着や雨具があると安心です。

ガーデンアイランド、
カウアイ島で大自然にふれましょう

永遠の愛が
手に入る?!
恋人同士で訪れると
永遠の愛が約束され
ると伝わっている

シダの洞窟
Fern Grotto

かつてハワイの王族のみ
が立ち入りを許された神聖
な場所。ワイルア川から遊
覧船ツアーで訪れることが
できる。現在、洞窟は展望
デッキからのみ見学可能。

MAP 付録P.16 F-1

■1ハワイ文化発祥の地、ワイルア川流
域はハワイの王族の聖地 ■2シダに
包まれた幻想的な洞窟。王族の結婚
式が行われた場所 ■3遊覧船ではハ
ワイアンライブやガイドによる解説も

王族の聖地として
あがめられる神秘の洞窟

貴重な水晶が祀られる
島屈指のパワースポット

アース・キーパー・
クリスタルって?
強大なエネルギーをも
つ約1mの水晶。地球に
12体しかないといわれる

ヒンドゥー寺院
Kauai's Hindu Monastery

アース・キーパー・クリスタルと呼ばれる
水晶が祀られているヒンドゥー教の寺
院。一般入場は9:00〜12:00(儀式に参
加希望の場合は要オンライン予約)。
URL kadavul-reservations.vercel.app/
MAP 付録P.16 F-1

■1Tシャツや短パンなどの軽装は
NG。礼拝への参加は専門知識
のある日本語ガイド同行がおすす
め ■2神秘的なバニヤンツリー

心を癒やす
スピリチュアルな滝
滝には心を浄化してくれ
る力があり、上から眺める
だけで癒やされる

体験データ
時間:7〜15時頃
料金:$187.43

おすすめツアー
シダの洞窟へのアクセスは
地元のエキスパートガイドが◎

カウアイ島探索ツアー
Best Of Kauai Tour

MAP 付録P.16 F-1　シダの洞窟ほか

【VeLTRA】
URL veltra.com(日本語)
現地催行カウアイ・ラグジュアリー・トランス
ポーテーション
※英語ガイドのみ

ワイルア滝
Wailua Falls

古代ハワイアンが
男らしさを見せた場所

「ワイルア」とは2つの水と
いう意味で、崖からは2本
の滝が流れ落ちる。かつて
戦士たちが、勇気を証明す
るために、滝の上から滝つ
ぼへダイブしたのだとか。

MAP 付録P.16 F-1

運がよければ、水しぶきに
よってできた虹を見ることも

カウアイ島のおみやげって？

島を代表するおみやげといえば、カウアイ・クッキーとカウアイ・コーヒー。ハワイらしいテイストのクッキーやアメリカ最大規模のコーヒーファームで育ったコーヒー豆は、島の定番ギフトです。

カウアイ島にある
映画のロケ地を訪ねませんか？

カウアイ島は、多くの映画のロケ地にもなっています。
のどかな町や広大な自然など、名作の舞台を訪れてみて。

映画
『リロ&スティッチ』

ハナペペ
Hanapepe

ディズニーアニメ『リロ&スティッチ』のモデルとなった、スローな空気が流れる町。実際にキャラクターの壁画も描かれている。

MAP 付録P.16 E-2

❶いきいきとしたキャラクターたちのウォールアート ❷レトロな吊り橋、ハナペペ・スインギング・ブリッジはハナペペの観光名所

映画
『ジュラシック・パーク』
『パイレーツ・オブ・カリビアン』

アラートン・ガーデン
Allerton Garden

大ヒット映画「ジュラシック・パーク」「パイレーツ・オブ・カリビアン」のロケ地で、熱帯の希少植物が見れる植物園。立ち入りはガイドツアーのみ可能。

MAP 付録P.16 E-2

❶ツアーは URL ntbg.orgから予約を
❷映画では園内にあるイチジクの木が登場した

ハナレイ湾
Hanalei Bay

村上春樹原作の『ハナレイ・ベイ』映画版に登場。美しい弧を描いたカウアイ島最大の湾で、夕日も美しい。サーフスポットとしても有名。

MAP 付録P.16 E-1

映画
『ハナレイ・ベイ』

❶ハナレイ・ビーチ・パークが映画のサーフィンシーンに登場 ❷写真映えする風景ばかり

カウアイ島在住のライター・タミーさんのブログ「タミー ハワイ」も情報収集に便利です。URL hawaii-kauai.net

リゾート感あふれる
隣島のホテルに STAY

隣島のホテルは、オアフ島より敷地が広いところが多く落ち着いた雰囲気。
ホテル内でのんびり過ごすのもいいし、ツアーに繰り出すのもいいですね。
ネイバーアイランドならではの雰囲気を体感してみましょう。

海からの風が
吹き抜ける
広いプール

上品な客室でゆっくり

1 広々としたプールにはジャグジーも完備されている
2 客室すべてが青い海を望むバルコニー付き
3 豊かな緑とアナエホオマル湾に囲まれた理想的な
ロケーション　4 リゾート感あふれる開放的なロビー

王家ゆかりの養魚池畔に建つ　`ハワイ島`

ワイコロア・ビーチ・マリオット・リゾート＆スパ

Waikoloa Beach Marriott Resort & Spa

「アナエ（魚）を保護する」という意味をもつアナエ
ホオマル・ビーチのそばに建つ4つ星ホテル。豊
かな緑に包まれた広大な敷地内にはペトログリフ
や古代の家の土台などが残るほか、3つのプール、
ゴルフ場、スパといったリゾート施設が充実。

MAP 付録P.19 B-2　　　　　　サウス・コハラ

所 69-275 Waikoloa Beach Dr., Waikoloa Beach
交 19号線沿いのワイコロア・リゾートのゲートを入り、直
進。エリソン・オニヅカ・コナ国際空港から車で30分
電 808-886-6789　料 T$452〜　日本予約 FREE 0120-925-659

5 ホテルのあるワイコロアはサン
セットがきれいなことでも有名
6 海を見渡せるアカウラ・ラナイ
のテラス席でくつろいで

おすすめ
POINT

リゾートフィーにはドリンクのフリーチケット
やヨガのフリーレッスンが含まれている。ホ
テル内には眺めのよいレストランやカフェも。

1 フリーチケットでカクテル
やビールもオーダーできる
（写真はイメージ）　2 フロ
ント脇にはカフェカウンター
があり、朝はコーヒーや軽食
を楽しめる

ハッピーアワーに訪れて

グランド・ナニロア・ホテル・ヒロ・ダブルツリー by ヒルトン内のフラ・フラスは毎日16:00〜18:00にハッピーアワーをもうけています。ププ（おつまみ）やカクテルがふだんより安くなるので、その時間を狙って訪れましょう。

非日常を体験できるゴージャス空間 **マウイ島**

グランド・ワイレア・ア・ウォルドーフ・アストリア・リゾート
Grand Wailea A Waldorf Astoria Resort

ワイレアを代表する一流リゾートホテル。水、光、風が空間と融和し、まるでアートのよう。館内のどこにいてもそれらを感じられ、自然と建造物の調和が見事。7つのレストランや2つのバー、9つのプール、ハワイ最大級のスパなど施設も充実している。

MAP 付録P.17 C-4　　　　　　　　ワイレア

所 3850 Wailea Alanui Dr., Wailea 交 カフルイ空港から車で35分。ザ・ショップス・アット・ワイレアの南隣
☎ 808-875-1234 料 Ⓣ $882 〜 日本予 03-6864-1633
FREE 0120-489-852

眺望が良くお昼寝も快適！

楽しいビーチが目の前に。

❶客室にはカウチとラナイ（ベランダ）が付いている　❷海へと続くプールはシンメトリーで美しい　❸癒やしの空間キロニ・スパで優雅な気分に

オアフ島からネイバーアイランドへ／隣島のホテル

見渡す限り青い海が広がる絶景。

トロピカルな雰囲気に癒やされる♪

フラをコンセプトとした好立地のホテル **ハワイ島**

グランド・ナニロア・ホテル・ヒロ・ダブルツリー by ヒルトン
Grand Naniloa Hotel Hilo – a Double Tree by Hilton

ヒロのオーシャンフロントに建つ絶景のホテル。ヒロ湾やマウナケアを見晴らす爽快ビューが魅力。館内にはフラの写真が飾られ、ハワイらしい雰囲気。海が目前の屋外プールやダイニングもあり、ゆったりとした滞在が楽しめる。キラウエアのツアー拠点としても便利。

MAP 付録P.18 F-1　　　　　　　　ヒロ

所 93 Banyan Dr, Hilo
交 ヒロ国際空港から車で6分
☎ 808-969-3333 料 Ⓣ $221〜
日本予 03-6864-1633 FREE 0120-489-852

❶キング・オーシャン・フロント・ジュニア・スイートは二方向に海を望むラナイ付き　❷穏やかなヒロ湾沿いに建つ　❸おしゃれで評判のレストラン「フラ・フラス」

ハワイ島ワイコロアのリゾートホテルエリアは、ショッピングセンターが近くとても便利。夜もお買い物を楽しめます♪

まずはハワイの出入国について
おさえましょう

セキュリティチェックの厳しいアメリカ。
出入国の手順を知っていれば慌てずに済みます。空港への早めの移動も心がけましょう。

アメリカ入国の流れ

1 到着 Arrival
飛行機を降りたら、到着（Arrival）の表示に従って、ターミナル2の2階にある入国審査（Immigration）へ向かう。

2 入国審査 Immigration
パスポートと帰りの航空券（eチケット控え）を用意して、係官の指示に従って審査ブースの列に並ぶ。顔写真の撮影、指紋のスキャン、英語の簡単な質問に回答する。

3 手荷物受け取り Baggage Claim
入国審査後、1階の荷物受取（Baggage Claim）へ。搭乗便名が掲示されたターンテーブルで荷物を受け取る。

4 税関 Customs
申告するものがある場合や係官に指示された場合は、税関で手続きをする。

5 到着ロビー Arrival Lobby
個人旅行者用出口は税関を抜けて直進したところ、団体旅行者用出口は左手にある。

アメリカ出国の流れ

1 空港へ To Airport
セキュリティチェックに時間がかかるため、出発の2～3時間前には空港へ到着し、ターミナル2の2階の出発ロビーへ。航空会社やチケットのタイプによっては事前にオンラインでのチェックインも可能。

2 チェックイン Check in
利用する航空会社のカウンターで、パスポートと帰りの航空券（eチケット控え）など必要書類を提示。搭乗券とバゲージクレーム・タグを受けとる。

3 出国審査 Immigration
航空会社のカウンターで、チェックインと同時に出国審査も終了。アメリカ出国時は税関検査もない。

4 セキュリティチェック Security Check
機内に持ち込む手荷物のX線検査とボディチェックを受ける。日本出国時と同様に、液体類やライター、刃物などの持ち込みは制限されている。

5 出発ロビー Departure Lobby
出発30～45分前を目安に搭乗ゲートへ。ゲートは急に変更になることもあるため、モニターでも確認を。

Visit Japan Web（VJW）に登録を

Visit Japan Webとは、日本入国時の税関申告などに必要な情報を事前にオンライン登録できるデジタル庁のWEBサービス。登録すると到着空港の税関検査場にある電子申告端末と専用ゲートが利用でき、スムーズに入国できる。
URL services.digital.go.jp/visit-japan-web/
❶メールアドレスとパスワードを登録してアカウント作成
❷スマホでパスポートを読み取り（もしくは手入力）、日本の住所、携帯品・別送品の税関申告情報、入国日、搭乗便名、出発地などを入力
❸次画面の「QRコードを表示する」をクリックすると完了
❹日本に到着したら、税関検査場にある端末にQRコードとパスポートをかざし、顔認証。画面の指示に従って進む
※2024年4月現在、登録は義務ではなく任意です

●日本帰国時の免税範囲 ※20歳未満の場合、範囲内でも免税にならない

酒類	3本（1本760㎖程度のもの）※
たばこ	たばこ紙巻200本、葉巻50本、その他250gのいずれか。加熱式たばこは個装等10個（紙巻たばこ200本相当）まで ※
香水	2オンス（1オンスは約28cc）
その他の品物	20万円。品物の合計額が20万円を超える場合、20万円の枠におさまる品物が免税、それ以外のものが課税対象に。合計額1万円以下の同一品目はすべて免税

●日本へのおもな持ち込み制限
動植物とその加工品（象牙・ベッコウ・ワニ皮など絶滅危惧種の製品、ハム・ソーセージなどの肉製品、果物などの食品を含む）／麻薬類／通貨・証券の偽造品／銃火器、爆発物／偽造ブランド品／医薬品・化粧品（数量制限）
〈輸出入禁止・規制品目〉 URL www.customs.go.jp/mizugiwa/kinshi.htm

出入国スタンプについて

日本では、セルフサービスの端末を使った出入国手続きができます。その場合、出入国スタンプは省略されますが、旅行中に期限が切れた運転免許証の手続きなどで必要になることも。必要な際は係官に伝えて、スタンプを押してもらいましょう。

ESTAの登録について

72時間前までに公式HPから申請を

90日以内の観光・ビジネスでアメリカへ入国する場合、日本国籍ならビザは不要だが、ESTA（電子渡航認証システム）の登録が必須。ESTA未取得だと飛行機に搭乗できない。

申請に必要なのは有効なパスポート、メールアドレス、クレジットカードやデビットカード。有効期限は2年。ただし、パスポートを更新したり、氏名を変更した際は、有効期限内でも再登録が必要となる。申請は本人以外でも可（旅行会社や申請代行に依頼した場合は手数料要）。高額の手数料をとる模倣サイトがあるため、料金をしっかり確認し、くれぐれも注意を。

❶ ESTA公式サイトまたは公式アプリ「ESTA Mobile」にアクセス
❷ 言語を選択し、パスポート画像をアップロード。名前やメールアドレスほか必要項目をローマ字で入力して質問に答える
❸ 申請料$21をクレジットカードなどで決済。結果は公式サイトやアプリの「ESTAステータスを確認する」でチェック

アメリカ国土安全保障省ESTA公式サイト
URL esta.cbp.dhs.gov

航空会社のセキュリティチェック

機内への持ち込み制限に注意

国際線を利用する場合、機内に持ちこめる液体類は、容器1つにつき100ml以下で、容量1ℓ以下のプラスチック袋に入る分まで。ジェル状やペースト状、エアゾール状のものも対象。刃物やライター、リチウム電池やリチウムイオン電池が装着されたバッテリーなども制限がある。利用する航空会社のウェブサイトで確認を。また、アメリカ国内の空港を出発するフライトでは、預ける荷物に施錠できない。スーツケースにはベルトをつけて、貴重品は入れないこと。

日本からホノルルへのアクセス

日本からホノルルへは、成田国際空港をはじめとする全国5空港から定期便が運航。日本からの直行便のほとんどはダニエル・K・イノウエ国際空港に到着します。

日本～ホノルル間　直行便所要時間

成田国際空港	約7時間
東京国際空港（羽田）	約7時間30分
関西国際空港	約7時間30分
中部国際空港	約7時間30分
福岡空港	約8時間

※ホノルルから日本へ向かう帰国時の所要時間は、気流の影響でプラス1～2時間長くかかります。

直行便のあるおもな航空会社

日本航空（JL）
☎ 0570-025-031　URL www.jal.co.jp
ANA（NH）
☎ 0570-029-333　URL www.ana.co.jp
ハワイアン航空（HA）
☎ 0570-018-011　URL www.hawaiianairlines.co.jp
デルタ航空（DL）
☎ 0570-077-733　URL ja.delta.com

ホノルルからネイバーへのアクセス

日本からの直行便はハワイアン航空の羽田ーコナ間のみ。そのほかはホノルルからの乗り継ぎを利用します。ダニエル・K・イノウエ空港からは、どの島へも定期便が多く、所要40分〜1時間ほどで移動ができます。

ホノルルーネイバー間　主要空港への所要時間

カフルイ空港（マウイ島）	約40〜50分
ヒロ国際空港（ハワイ島）	約50分〜1時間
エリソン・オニヅカ・コナ国際空港（ハワイ島）	約40〜50分
リフエ空港（カウアイ島）	約40分

ホノルルの空港からワイキキへのアクセスは？

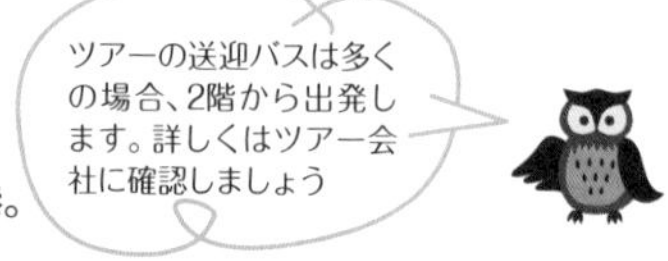

ツアーの送迎バスは多くの場合、2階から出発します。詳しくはツアー会社に確認しましょう

日本からの航空便のほとんどが到着するダニエル・K・イノウエ国際空港。空港からワイキキへはエアポートシャトルが便利です。

ダニエル・K・イノウエ国際空港

MAP 付録P.3 C-4

☎808-836-6411 URL airports.hawaii.gov/hnl

空港からワイキキへのアクセス

エアポートシャトル

本数が多くて使い勝手抜群

空港からオアフ島内の希望の場所まで運んでくれる、乗り合いのシャトルバン。運行会社は複数あり、到着ロビーや出口付近で、看板をもったスタッフが乗り場へ誘導している。インターネットで事前に予約しておくと安心。支払いはクレジットカードのみのこともあるので確認を。所要時間は、道路の状況や立ち寄る場所の数にもよるが、40～60分ほど。3個以上のスーツケース、サーフボードやゴルフバッグなどは有料の場合が多い。必要なら、ワイキキから空港へ向かう帰りのシャトルの予約もいっしょにしておくのがおすすめ。

<右上図>乗り場❶(1階)
ロバーツハワイ ☎808-954-8637(日本語)
料 片道$25前後(チップは料金の15～20%)
URL airportshuttlehawaii.com/

タクシー

寄り道なしで滞在ホテルへ直行

途中停車なしでホテルへラクラク直行。出口付近の乗り場で配車スタッフに声をかければ、車まで案内してくれる。ワイキキまで約$40～50。チップは料金の15～20%程度、トランクへ荷物を入れた場合は1個につき$1～2をプラス。人数が多ければエアポートシャトルよりお得。日本語で予約できる定額サービスもある。UberやLyftなど、ライドシェアのピックアップ場所は、2階の出発フロア前。

<右上図>乗り場❷(1階)
チャーリーズ・タクシー FREE 1-844-531-1331(日本語)

レンタカー

自由度の高さはナンバーワン

主要レンタカー会社のカウンターは、ターミナル2向かいのレンタカーセンターの2階にある。徒歩や空港連絡バスWIKI WIKIシャトル(無料)で移動。また、空港外にある営業所へのシャトルバスも運行している。

<右上図>❸(2階) レンタカー各社のカウンター
利用方法については➡P.130

●ダニエル・K・イノウエ国際空港全体図

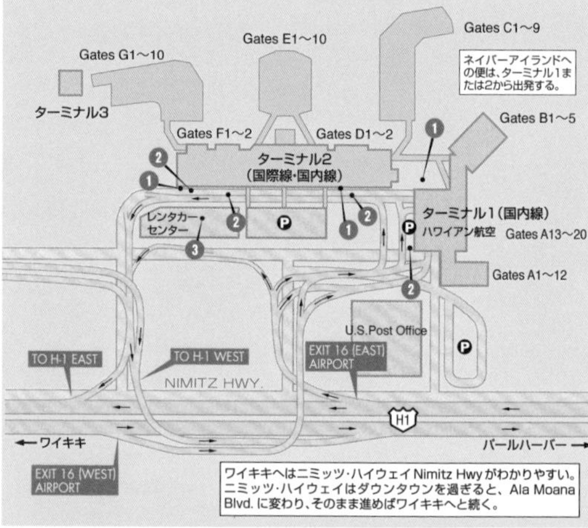

Gates C1～9
Gates E1～10
Gates G1～10
ネイバーアイランドへの便は、ターミナル1または2から出発する。
ターミナル3
Gates B1～5
Gates F1～2
Gates D1～2
ターミナル2
(国際線・国内線)
レンタカーセンター
ターミナル1(国内線)
ハワイアン航空
Gates A13～20
Gates A1～12
U.S.Post Office
TO H-1 EAST
TO H-1 WEST
EXIT 16 (EAST) AIRPORT
NIMITZ HWY.
H1
←ワイキキ
パールハーバー→
EXIT 16 (WEST) AIRPORT
ワイキキへはニミッツ・ハイウェイ Nimitz Hwyがわかりやすい。ニミッツ・ハイウェイはダウンタウンを過ぎると、Ala Moana Blvd. に変わり、そのまま進めばワイキキへと続く。

●ターミナル2(国際線・国内線)

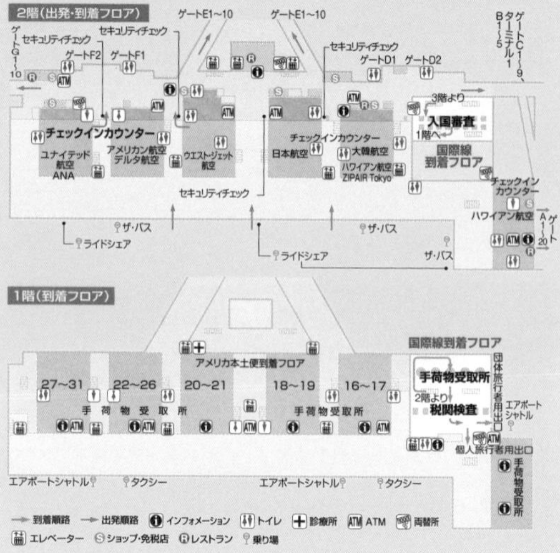

2階(出発・到着フロア)
ゲートE1～10
ゲートE1～10
ゲートG1～10
セキュリティチェック
ゲートF2
ゲートF1
ゲートD1
ゲートD2
ゲートB1～5 ターミナル1
ゲートC1～9
3階より
入国審査
1階へ
チェックインカウンター
ユナイテッド航空
ANA
アメリカン航空
デルタ航空
ウエスト・ジェット航空
日本航空
大韓航空
ハワイアン航空
ZIPAIR Tokyo
国際線到着フロア
チェックインカウンター
ハワイアン航空
ゲートA1～20
ザ・バス
ライドシェア
1階(到着フロア)
国際線到着フロア
アメリカ本土便到着フロア
27～31
22～26
20～21
18～19
16～17
手荷物受取所
手荷物受取所
手荷物受取所
2階より
税関検査
団体旅行者用出口
エアポートシャトル
個人旅行者用出口
手荷物受取所
エアポートシャトル
タクシー
到着順路
出発順路
インフォメーション
トイレ
診療所
ATM
両替所
エレベーター
ショップ・免税店
レストラン
乗り場

日本と違うこともたくさん
知っておくと便利なハワイ基本情報

日本人旅行者の多いハワイですが、ここはアメリカ。
日本との習慣の違いがいっぱいです。基本的な事情やルールは把握しておきましょう。

電話

公衆電話の使い方は日本とほぼ同じ。市内通話は1回50¢で時間制限なし。国際電話はプリペイドカードを利用しよう。ABCストアで$10から購入でき、ホテル客室の電話を使うより割安。

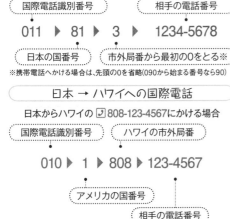

ハワイ → 日本への国際電話

ハワイから日本の☎03-1234-5678にかける場合

国際電話識別番号	相手の電話番号

011 ▶ 81 ▶ 3 ▶ 1234-5678

日本の国番号	市外局番から最初の0をとる※

※携帯電話へかける場合は、先頭の0を省略（090から始まる番号なら90）

日本 → ハワイへの国際電話

日本からハワイの☎808-123-4567にかける場合

国際電話識別番号	ハワイの市外局番

010 ▶ 1 ▶ 808 ▶ 123-4567

アメリカの国番号

相手の電話番号

携帯電話とインターネット

日本で利用している携帯電話を旅先で使う場合は、パケット代の高額請求を避けるためにも、現地入り後のスマホ設定はしっかり確認を。国内で契約している定額プランは適用されず、着信やSMS送信だけでも課金されるため、LINEやFaceTimeといった通話アプリを使うのが得策。ワイキキ周辺のネット環境は良く、ショッピングセンターやカフェ、ホテルなどで無料Wi-Fiに接続できる。海外パケット定額サービスや日本の空港で借りられるモバイルルーター、プリペイドSIMも便利。

クレジットカードとATM

クレジットカードは旅の必需アイテム。キャッシュ文化が根強い日本と異なり、アメリカはなんでもクレジットカードで支払う人がほとんど。ホテルやレンタカー会社でデポジット（預かり金、保証金）として使えるうえ、何より多額の現金を持ち歩く危険性を回避できる。また、クレジットカードに付帯しているキャッシング枠を利用して現地のATMでドル現金を引き出すこともでき、手数料は発生するものの、いざというときの利便性大。万が一不正利用があったとしても、カード発行金融機関が課す条件を満たせば、被害金額が補償される制度が整っている*。渡航前に海外キャッシングの可否や限度額、PIN（暗証番号）を確認しておこう。
*詳しい条件及び制限などについては、カード発行金融機関にご確認ください

飲料水

ハワイの水道水は良質なことで知られており、そのまま飲んでも影響はない。だが、気になる人はコンビニなどでミネラルウォーターを購入しよう。値段は日本と同じくらい。

電圧とプラグ

電圧は110または120V、周波数は60Hz。日本用の電化製品も使えるが、電圧が高いため長時間の使用や高熱を伴うものに注意。最近のスマートフォンやデジタルカメラは、100〜240Vまで対応可能な製品が多い。プラグの形状は日本と同じ。

トイレ

ワイキキのビーチやショッピングセンターなど、街なかには公衆トイレが点在する。ドライブやツアーで郊外をめぐる場合は、カフェやガソリンスタンドなどに立ち寄った際に済ませておこう。ひとけのない公衆トイレには、一人で近づかないように。

トラブル対策

＜ケガと病気＞

ハワイでは、大病院でも急患以外は受け付けていない。急な病気やケガの場合は、ホテル内ならフロントへ、緊急時は携帯電話や公衆電話で911をダイヤルし救急車（Ambulance）を呼ぶ。自分で動ける状態であれば、加入している海外旅行保険会社のサービスセンターへ連絡し、指定の診療所へ行くのが得策。治療費を支払ったときは、診断書や領収書を必ずもらっておこう。

＜アクシデント＞

事故や盗難にあった場合、速やかに警察へ被害届を出すこと。パスポートの紛失は日本総領事館へ、クレジットカードの紛失は発行会社に連絡を。レンタカーでの交通事故は、まず警察に電話（911）、次にレンタカー会社や保険会社に連絡して指示を仰ぐ。また、もしものときのために、外務省海外安全情報配信サービス「たびレジ」に登録しておこう。渡航先の最新情報や緊急時の連絡が受け取れる。 URL www.ezairyu.mofa.go.jp

これだけは知っておきたい
ハワイステイのアドバイス

ハワイで快適に過ごすためのノウハウをご紹介します。
レストランやショップでのマナー、アクティビティの留意点などを予習しておけば、スムーズに旅を楽しめますよ。

レストランのアドバイス

1.人気店は予約しましょう

人気レストランは予約がおすすめ。運まかせのウォークイン（飛び込み）は時間のロスになることが多く、日本語版もあるレストラン予約サイト「Open Table」が便利です。 URL www.opentable.jp/

2.服装とマナー

ドレスコードのある高級店では、ショートパンツやビーチサンダルは不可。ハワイの正装に当たるアロハシャツ、ムームーはOK。また、州法により公共建物内は全面禁煙、お酒は21歳から。年齢確認のID（身分証明）提示を求められることもあるため、パスポートを持参しましょう。チップは15〜20%が基本。カード払いの際は、伝票のチップ欄に相当金額と合計額を記入。伝票にサービス料が加算されている場合やセルフサービス店では不要です。

ショッピングのアドバイス

1.バーゲンシーズン

11月下旬〜1月上旬と、6月下旬〜8月中旬がハワイのバーゲンシーズン。一流ブランドもセールを実施することが多く、要チェックです。

2.サイズ表記の違いに注意

アメリカと日本ではサイズ表記が異なるため、右の表を参考に。S・M・L表記の場合も日本サイズより大きめの作りになっていることがほとんど。

婦人服

日本	5	7	9	11	13	15	17
アメリカ	2	3	5	8	10	12	14

婦人靴

日本	22	22.5	23	23.5	24	24.5	25
アメリカ	5	5.5	6	6.5	7	7.5	8

3.ショッピングのマナー

水着姿で店に入るのは厳禁。一流ブランド店では商品を勝手に触らず、手の届くところにあっても見せてくれるよう頼んで。

アクティビティのアドバイス

1.アクティビティ手配は日本でも現地でも

人気のアクティビティは混み合いがちなうえ、直前予約は電話でしか受け付けていないことが多く、英語が苦手な場合は渡航前に日本で予約しておくのがベター。現地ではホテルのツアーデスクや日本語フリーペーパーの情報を活用すると便利です。

2.キャンセル規定の把握を。保険にも入りましょう

アクティビティ系オプショナルツアーは、催行会社によってキャンセル料の発生時期が異なります。申し込みの際にしっかり把握を。万一のケガに備えて、海外旅行保険にも加入しましょう。

ホテルのアドバイス

1.コンドミニアムも便利でお得

キッチンや食器などが備わった長期滞在型客室がコンドミニアム。ホテルよりも間取りが広く、数人で泊まればリーズナブル。

2.アーリーチェックインで快適に

日本からの直行便の多くはホノルルの朝（日本の早朝）に到着しますが、ほとんどのホテルがチェックインは15時。早く体を休めたいなら、フロントでアーリーチェックインの申し出を。事前に予約しておけば、なおさら確実です（いずれも追加料金要）。

3.チップの目安

ベルボーイに荷物を運んでもらったら荷物1個につき$1〜2、毛布を持ってきてもらうなど頼みごとをしたら$1が目安。ベッドメイキングはベッド1台1夜につき$1〜5（ホテルランクによる）。

4.ホテルの部屋も禁煙です

ハワイでは禁煙法により、ホテルの喫煙可能な客室数も制限されています。愛煙家は早めの予約を。

おもな祝祭日

1月1日	ニュー・イヤーズ・デイ	6月19日	ジューンティーンス独立記念日
1月第3月曜	キング牧師記念日	7月4日	アメリカ合衆国独立記念日
2月第3月曜	プレジデント・デイ（大統領の日）	8月第3金曜	ステートフッド・デイ（州制記念日）
3月26日	プリンス・クヒオ・デイ	9月第1月曜	レイバー・デイ（労働者の日）
イースター前の金曜	グッド・フライデイ ※年により変動	11月11日	ベテランズ・デイ（退役軍人の日）
3月下旬〜4月下旬の日曜	イースター（復活祭）※年により変動	11月第4木曜	サンクスギビング・デイ（感謝祭）
5月最終月曜	メモリアル・デイ（戦没者追悼の日）	12月25日	クリスマス
6月11日	キング・カメハメハ・デイ		

※アメリカ合衆国の連邦政府・州政府が定めている祝日が土・日曜に当たる場合、前後の平日に振り替えされます（7月4日と12月25日以外）

オアフ島の交通について
ご案内します

オアフ島の全エリアをカバーする公共交通機関がザ・バス。
ワイキキトロリーも観光客には便利な交通手段です。

ザ・バス　The Bus

80以上のルートと4000以上の停留所でオアフ島の交通網を一手にカバーするのがザ・バス。どこまで乗っても1回$3と良心的で、上手に使いこなせば行動範囲がぐんと広がります。
乗り方など詳細は ➡ **P.80** へ

ザ・バス主要ルートMAP

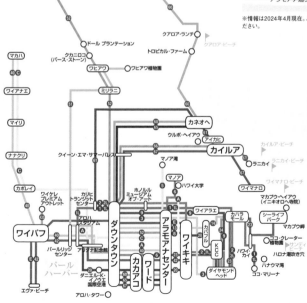

メインターミナルはアラモアナ

オアフ島の各地へ行くには、主要バスルートが集中しているアラモアナセンターが便利。停留所が多数あるため、ルートマップのほか、ザ・バス公式アプリやGoogleマップなども活用しましょう。曜日や便によって行先やルートが変わることもあるので注意を。

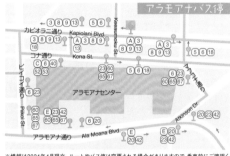

※情報は2024年4月現在。ルートやバス停は変更される場合がありますので、乗車前にご確認ください。

CITY EXPRESS!	Ⓐ
COUNTRY EXPRESS!	Ⓒ
COUNTRY EXPRESS!	Ⓔ
KAIMUKI-KALIHI/KALIHI-HAWAII KAI LIMITED STOP ALOHA STADIUM Via SALT LAKE	1 Ⓛ
SCHOOL-WAIKIKI-KAHALA/KALIHI-WAIKIKI-KAHALA LIMITED	2 Ⓛ
KAIMUKI-SALT LAKE	3
ALA MOANA-MANOA	5
PAUOA-WOODLAWN	6
KAIMUKI-PEARL HARBOR	9
MAKIKI-ALA MOANA-WAIKIKI	8
LILIHA-WAIKIKI-UNIVERSITY	13
ST. LOUIS-MAUNALANI	14
WAIKIKI-AIRPORT-PEARLRIDGE	18
ALA MOANA-SEA LIFE PARK	23
KAPAHULU-AINA HAINA	40
HONOLULU-MAKAHA	40
EWA BEACH-WAIKIKI	42
HONOLULU-WAHIAWA	52
HONOLULU-MILILANI-HALEIWA	60
HONOLULU-KANEOHE-HALEIWA	60
HONOLULU-KANEOHE-AIKAHI	65
HONOLULU-KANEOHE-AHUIMANU	67
DOWNTOWN-KAILUA-AIKAHI	56
HONOLULU-KAILUA-WAIMANALO	57
WAIPAHU-WAIKELE SHOPPING CENTER	433
KAILUA-LANIKAI	671

※2024年4月現在の運行状況です。最新情報はザ・バス公式サイト
URL www.thebus.orgでご確認ください

ワイキキトロリー　Waikiki Trolley

ショッピングも観光もおまかせ

ワイキキと近郊の観光スポット、ショッピングセンター、人気レストランなどを結ぶワイキキトロリーは、旅行者にとって頼もしい交通手段。ザ・バスと異なり、各停留所に停車し、自由に乗り降りができます。日本語マップが用意されているのも安心。

☎ 808-591-2561（日本語可）　[URL] waikikitrolley.com/jp（日本語）

ワイキキトロリーの種類

チャイナタウンやイオラニ宮殿、カカアコをめぐる「レッドライン」、ホノルル動物園やダイヤモンド・ヘッドへ行くことができる「グリーンライン」、ワイキキ中部とアラモアナセンターを結ぶ「ピンクライン」、東海岸の周遊やカイムキの人気ダイニングを楽しむ「ブルーライン」の4路線がある。

ワイキキトロリーの乗り方

購入したパスやEチケットをドライバーに見せて乗車。車内では、そのラインの1日券のみ、現金で購入できる。各停留所に停車するため、降りる合図は不要。次の停留所のアナウンスや簡単な観光ガイドもしてくれる。満員になると乗車できないので注意を。

料金と乗り放題パス

ミニマップや時刻表は公式サイトでダウンロードできる

選んだ1ラインに1日乗り放題のバスと、全ラインに1〜7日間乗り放題になるバスがある。全ライン乗り放題バスは車内では購入できないため、ワイキキ・ショッピング・プラザ1階にあるワイキキ・トロリーのチケット売場（8:00〜17:00）やホテルのツアーデスクで入手を。公式サイトでオンライン購入もできる。

ピンクライン1日券	$5.50
グリーンライン1日券	$19
1ライン(レッドまたはブルー) 乗り放題1日券	$31.50
全ライン乗り放題1日券(翌日無料)	$57.75
全ライン乗り放題4日券(7日間有効)	$68.25
全ライン乗り放題7日券(10日間有効)	$78.75

東海岸へはブルーラインで行けます

ワイキキとシーライフ・パーク・ハワイを結び、オアフ島東海岸の絶景を楽しめるのがブルーライン。ホノルル動物園やワイキキ水族館といった定番の観光スポットほか、ダイヤモンド・ヘッド周辺にある人気ダイナーや、カハラ・モールやココ・マリーナ・センターにも停まる。往復約2時間、8:15〜15:40の間、40分間隔で運行。

●レッドライン（ダウンタウン・ホノルル、ハワイの英雄と伝説）

壮麗な建物のイオラニ宮殿やカメハメハ大王像、チャイナタウン、ホノルル美術館、出雲大社といった定番観光スポットや、ワード・センター、アラモアナセンター、ソルトなどのショッピングスポットを1周約1時間50分で巡回する。ダウンタウン方面の観光に便利。

始発／ワイキキ・ショッピング・プラザ。始発のみプリンス・ワイキキ、ハレ・コア、カ・ライ・ワイキキ・ビーチ発あり（乗車のみ）
運転時間／9:45〜16:50（終着）　運転間隔／60分

●ピンクライン（アラモアナ・ショッピング&ダイニング）

ワイキキのホテルや主要スポットを経由しながらアラモアナセンターへ赴く1周約1時間のルート。乗車にはピンクライン乗り放題1日券（$5.50）または全ライン乗り放題券が必要となる。アラモアナセンターの閉店時刻は混雑することが多々。

始発／ワイキキ・ショッピング・プラザ
運転時間／9:45〜20:24（終着）　運転間隔／約15分

●グリーンライン（ダイヤモンド・ヘッド）

ワイキキ中部から東へ向かい、デューク・カハナモク像、ホノルル動物園、ダイヤモンド・ヘッドとホノルルのシンボル的なスポットをめぐるルート。ダイヤモンド・ヘッドではクレーターの内側にも停まる。土曜のみKCCファーマーズ・マーケット停車あり。1周約1時間。

始発／ワイキキ・ショッピング・プラザ。始発のみプリンス・ワイキキ、ハレ・コア、カ・ライ・ワイキキ・ビーチ発あり（乗車のみ）
運転時間／7:18〜14:35（終着）　運転間隔／60分

ハワイ文化観光コース
Red Line

主な停留所

ワイキキ・ショッピング・プラザ▶デューク・カハナモク像▶ホノルル美術館
▶ハワイ州庁舎(イオラニ宮殿)▶フォスター植物園▶出雲大社▶チャイナタウン
▶カメハメハ大王像▶アロハタワー▶ソルト(カカアコ)▶ワード・センター
▶アラモアナビーチパーク

ワイキキ・アラモアナ・ショッピング・コース
Pink Line

主な停留所

ワイキキ・ショッピング・プラザ▶デューク・カハナモク像▶ツイン・フィン▶丸亀製麺▶
アラモアナセンター▶イリカイ・ホテル▶カ・ライ・ワイキキ・ビーチ

ダイヤモンド・ヘッド
観光コース
Green Line

主な停留所

ワイキキ・ショッピング・プラザ ▶ デューク・カハナモク像 ▶ ホノルル動物園
▶ ダイヤモンド・ヘッド・クレーター ▶（土曜午前のみ）KCCファーマーズ・マーケット

- プリンス・ワイキキ **6**
- ハレコア・ホテル **7**
- カ・ライ・ワイキキ・ビーチ **8**
- ワイキキ・ショッピング・プラザ **1**
- ワイキキ・ビーチ
- デューク・カハナモク像 **2**
- ホノルル動物園 **3**
- カピオラニ公園
- KCCファーマーズ・マーケット（土曜のみ）**5**
- ダイヤモンド・ヘッド記念墓地
- ダイヤモンド・ヘッド **4**（ダイヤモンド・ヘッド登山は要予約）
- ダイヤモンド・ヘッド
- ダイヤモンド・ヘッド・ビーチ

S. King St. / Waialae Ave. / Lunalilo Fwy. / H1 / Kapahulu Ave. / Ala Wai Blvd. / アラ・ワイ・ゴルフコース / Kalakaua Ave. / Monsarrat Ave. / Diamond Head Rd. / Kilauea Ave. / Kahala Ave. / Diamond Head Rd.

ワイキキ・ショッピング・プラザのロイヤル・ハワイアン通り側が始発乗り場です

タクシー　Taxi

流しのタクシーはいないと心得て

ザ・バスやトロリーでは行きにくい場所や、夜間の外出にはタクシーが便利で安心。料金システムが整っているので、トラブルもほとんどありません。ただし、ドアの開け閉めやチップなど、日本と異なる習慣があることを知っておきましょう。

タクシーのつかまえ方

流しのタクシーはいないため、ホテルやショッピングセンターなどのタクシー乗り場から利用する。乗り場に空車がいない場合は、TAXIと表示された備え付けの専用電話を使い「タクシー、プリーズ」といって、自分の名前を告げれば来てくれる。ホテルやレストランで呼んでもらった場合は$1～2のチップを渡すのがマナー。

乗り降りと支払い

日本とは異なり自動ドアではないので、乗り降りの際は自分でドアを開閉する。支払いの際はできるだけ小額紙幣で。チップは料金の15～20％が目安。トランクへ荷物を入れてもらった場合は、1個につき$1～2をプラスする。忘れ物の際に役立つので、タクシー番号が入ったレシートは受け取っておこう。

料金の目安

初乗り　$3.10 ～		1/8マイル毎　45¢	
ダニエル・K・イノウエ国際空港～ワイキキ			$40～50
ワイキキ～アラモアナ			約$10
ワイキキ～カハラ			約$20
追加料金		待ち時間は45秒ごとに45¢、3分で$1.80 大きい荷物は1個につき60¢～	

タクシー会社 ●コアタクシー ☎ 808-944-0000（日本語可）
　　　　　　　●チャーリーズ・タクシー FREE 1-844-531-1331（日本語可）

ザ・バスで行く？トロリーで行く？
ワイキキから人気スポットへの簡単アクセス

ワイキキからショッピングや観光に出かけるには、ザ・バスとトロリーどちらで行くのが便利なの？ ここでは人気スポットへの簡単アクセスをご案内します。

ワイキキからのバス移動
ワイキキのメインストリート、カラカウア通りは東行きの一方通行。ザ・バスに乗る際はクヒオ通りのバス停を利用。バス停は付録P.12-15の地図を参照して。

ワイキキ	Ⓔ ⑧ ⑬ ⑳ ㉓ ㊷	アラ・ワイ運河を渡って信号を越えたところ、⑧⑬はカピオラニ通りで下車。ワイキキのクヒオ通りから約10～20分	アラモアナセンター →P.38
	ピンクライン	アラモアナセンターの海側に停車する。所要約20～40分	
ワイキキ	Ⓔ ⑳ ㊷	アラモアナセンターを過ぎて約5分で到着。ワイキキのクヒオ通りから所要約20分	ワードビレッジ
	ピンクライン	アラモアナセンターの海側で下車。アラモアナ通りを西に10分ほど歩く	
ワイキキ	Ⓔ ② ㉑ ⑬ ⑳ ㊷	②⑬は行き帰りどちらもホテル通りを通り、⑳㊷は行きはベレタニア通り、帰りはキング通りを通る。マウナケア通りやベセル通りとの交差点付近のバス停を利用。所要約30～40分	ダウンタウン＆チャイナタウン
	レッドライン	目的地によって、ハワイ州庁舎／イオラニ宮殿、チャイナタウン／ダウンタウンなどの停留所で下車。所要約25分～1時間	
ワイキキ	② ㉑ ㉓	ワイキキから所要約15分。バス停から登山口までは徒歩15～20分	ダイヤモンド・ヘッド →P.27
	グリーンライン	クレーターの内側まで行くので便利。約60分間隔で運行。ワイキキ中心部から所要約20～30分	
ワイキキ	行き ⑬に乗りカピオラニ通りで①⑪⑨に乗り換え　帰り ①⑪⑨に乗りセント・ルイス通りで⑬に乗り換え	クヒオ通り海側で⑬の東行き（ダイヤモンド・ヘッド方面）に乗り、カピオラニ通りとワイアラエ通りの角で①⑪⑨に乗り換え。所要約30分	カイムキ（ワイアラエ・アベニュー）
ワイキキ	② ㉑ ⑬	クヒオ通り海側から②㉑⑬の東行きに乗り、カパフル通り沿いで下車。バス停はキャンベル通り、パリウリ通り、オル通りとの角などにある。②㉑はキャンベル通りで右折。所要約15分	カパフル・アベニュー

 ザ・バス　 ワイキキトロリー・レッドライン　 グリーンライン　 ピンクライン　ダイヤモンド・ヘッド山頂への登山は事前予約が必要です（→P.27）。

レンタカー　Rent a Car

行動範囲がぐっと広がる

ホノルルの街なかだけでなく、郊外へ出かける予定なら、レンタカーが効率的です。時間を気にせず動けるうえに、グループなら経済的。空港には大手レンタカー会社の営業所がそろい、借りるのも返すのも便利です。滞在中1日だけ利用したい場合は、ワイキキの営業所で借りるのがおすすめ。

レンタカーの利用方法

1.予約は日本で

現地で予約やウォークイン（飛び込み）もできるが、時期によっては割高になる場合が。出発前に日本で予約しておくと、事前割引料金が適用されることもあってお得。同時にカーナビやチャイルドシートも予約できる。

2.車を借りる

受け取った予約確認書やバウチャーを持参。契約は氏名や宿泊ホテルなどかんたんな必要事項を記入するだけ。任意保険加入や契約者以外の運転者の有無を予約時に前もって設定しておけば、現場ではサインだけでOKの場合も多い。ただし日本の運転免許証の原本は必ず必要（コピー不可）。

3.返却する

日本と同じで、ガソリンは満タンにして返す場合と返却時清算の2通り。会社によって違いはあれど、ハワイはほとんどが満タン返し。前もって返却営業所の最寄りガスステーションを確認しておこう。鍵を返却してスタッフの車チェックを受け、明細（清算）書をもらったら完了。ちなみにワンタンク使い切りの満タン返却不要プランもある。

＜レンタカー予約の注意点＞

◆ハワイでは日本の運転免許証のみでレンタルできる会社がほとんどですが、国際運転免許証を取得しておけば、もしもの事故やトラブル時に手続きがスムーズです。
◆レンタル時にはデポジットとして運転者名義の国際クレジットカードが必要です。
◆ハワイでレンタカーを借りることができるのは21歳以上。ただし25歳未満は追加料金が必要です。
◆4歳未満はチャイルドシート、10歳未満（身長約145cm未満）はブースターシートを着用することが交通法で義務づけられています。

保険に入りましょう

ハワイではレンタカー契約をした時点で、日本の強制保険にあたる対人・対物の保険に自動的に加入されますが、任意保険にもぜひ加入しておきましょう。アメリカは医療費が高く、万一、人身事故を起こしてしまった場合、強制保険のみでは補償しきれないことも。少々割高にはなりますが、任意保険込みのプランが無難。現地で追加することもできます。

●WEBで予約ができるレンタカー会社

バジェットレンタカー　Budget

URL www.budgetjapan.jp
●ダニエル・K・イノウエ国際空港　☎808-210-0050
●インターナショナル マーケットプレイス内
☎808-672-2368　MAP 付録P.13 B-1

ダラーレンタカー　Dollar

URL www.dollar.co.jp　日本予約 0800-999-2008
●ダニエル・K・イノウエ国際空港　FREE 1-866-434-2226
●ハイアット・リージェンシー・ワイキキ・ビーチ・リゾート＆スパ内
☎808-952-4264　MAP 付録P.13 C-2

ハーツレンタカー　Hertz

URL www.hertz.com　日本予約 FREE 0800-999-1406
●ダニエル・K・イノウエ国際空港　☎808-837-7100
●ハイアット・リージェンシー・ワイキキ・ビーチ・リゾート＆スパ内
☎808-971-3535　MAP 付録P.13 C-2

アラモレンタカー　Alamo

URL www.alamo.jp　日本予約 FREE 0120-088-980
●ダニエル・K・イノウエ国際空港　FREE 1-844-913-0736
●アウラニ・ディズニー・リゾート＆スパ内（カポレイ）
☎808-676-5924　MAP 付録P.3 B-4

エイビスレンタカー　Avis

URL www.avis-japan.com
日本予約 FREE 0120-31-1911
●ダニエル・K・イノウエ国際空港　☎808-210-0000
●インターナショナル マーケットプレイス内
☎808-672-2378　MAP 付録P.13 B-1

ハワイの道路標識

一時停止

Uターン禁止

左折禁止

進入禁止

優先道路あり

赤信号右折禁止

最高速度50マイル

駐停車禁止

追い越し禁止

行き止まり

まわり道

一方通行

出口番号

本線

ホノルルドライブの注意点

ハワイの道路は右側通行 車は左ハンドルで、シフトレバーや方向指示器（英語ではシグナル）の位置も日本車とは逆。また道路は右側通行。右左折時や駐車場から出る際など、つい左車線に入ってしまいがちなので焦らずに。

距離・時速はマイル表示 制限速度、スピードメーターともにマイル表示。1マイルは約1.6kmで、メーターが「50」を指している時は、時速約80kmのスピードが出ているということになる。スピード違反の取り締まりが頻繁に行われているため、常に法定速度の確認を忘れずに。

赤信号でも右折可能 信号が赤でも、安全上問題がなければ基本的に右折可能。ただし「NO TURN ON RED」の標識がある場合は、赤信号で右折はできない。

シートベルト着用は義務 ドライバーはもちろん同乗者も着用すること。子どもは後部座席に座らせ、4歳未満はチャイルドシート、10歳未満はブースターシートの着用義務がある。

停車中のスクールバスは追い越し禁止 スクールバスが赤いストップサインを出して停車しているときは、追い越し禁止。中央分離帯がない道路では、対向車線にいても停車すること。

一方通行に注意 ホノルル市街は一方通行が多いので要注意。ワイキキのメインストリート、カラカウア通りも一方通行。

歩行者は最優先 横断歩道の手前で必ず停止し、歩行者を優先することが義務付けられている。歩行者妨害に対する倫理観は日本よりはるかに高いため、重々注意を。また歩行者も横断歩道以外の場所で道路を横切るのは禁止。

ホノルルの駐車事情 駐車違反の取り締まりは厳しく、すぐにレッカー移動されてしまうため、必ず駐車場に停めること。ホテルの駐車場を利用する場合は、スタッフが出し入れをしてくれるバレー（バレット）パーキングも利用できる。有料の場合もあるが、通常は返却時にチップ（$1〜3）を渡せばOK。路上にあるコインパーキングも気軽に利用できて便利。

コインパーキングの使い方

市街で車を駐める場合は、短い時間でもコインパーキングを利用しよう。公共駐車場はもちろん、道路沿いにも設置され、比較的見つけやすい。自分が駐車しておきたい時間分のコインを入れるだけでOK。ただし使用できるのは25¢、10¢、5¢の硬貨のみ。

ガソリンの入れ方

1.給油前の手続き

ハワイのガスステーションはほぼ100%がセルフサービス。建物内のレジへ行き、利用する給油ポンプ番号を告げて、前金もしくは入れたいガス分量の料金を払う。クレジットカードは機械に通すだけ。

2.ノズルをはずす

「Regular」「Plus」「Premium (Super)」の3種から「Regular」を選択(車種によっては「Plus」を)。給油機のメーター料金が「0」であることを確認し、ノズルのレバーを上に押し上げる。

3.給油する

ノズルのグリップを握り込むとガソリン注入が開始。満タンになった時点、もしくは購入した金額分に達すると自動的に給油がストップする。

4.精算する

レジへ戻り、使用したポンプ番号を伝えると前金から差し引いた金額が提示される。はじめにガソリン30ドル分といった購入の仕方をした場合は、清算が済んでいるためレジに戻る必要なし。

＜もしもトラブルにあったら＞

万が一、路上駐車で車をレッカー移動された場合には、警察（911番）に電話をして担当のレッカー会社を教えてもらい、レッカー代と車の保管料を支払う。このときに反則きっぷを受け取り、交通裁判所で罰金を支払うか、オンライン手続きをしてクレジットカードで払う。英語に自信がなければ旅行会社などに相談すること。また、もしも事故を起こしてしまった場合には、車を道の右側によせて安全を確保し、警察に電話をする。レンタカー会社へも連絡し、指示を仰ごう。

和製英語の「ガソリンスタンド」は通じません。「ガスステーション」の言葉を覚えておきましょう。

index

オアフ島

アクティビティ	ジャンル	エリア	
ウェット・アンド・ワイルド・ハワイ	ウォーターパーク	カポレイ	91
カイヴァリッジ・トレイル（ラニカイ・トレイル）	トレッキング	ラニカイ	73
クアロア・ランチ	乗馬	クアロア	70・81
コーラル・クレーター・アドベンチャー・パーク	アスレチックパーク	カポレイ	91
ココヘッド・トレイル	トレッキング	ハワイ・カイ	72
サンドバー	観光スポット	カネオヘ	72
シーライフ・パーク・ハワイ	海洋アクティビティ	マカプウ	76・82
私立イルカ中学／名門イルカ大学	ドルフィンスイム	ワイアナエ	76
スターオブホノルル	クルーズ	ダウンタウン	21
ハッピー・ハツミ・ヨガ	ヨガレッスン	ワイキキ	27
ハレハナ ワイキキ	手作り体験	ワイキキ	44
ビキ	シェアサイクル	ワイキキ	24
フラ・レッスン（ロイヤル・ハワイアン・センター）	フラ体験	ワイキキ	26
ボート・ワイキキ・クルーズ	クルーズ	ワイキキ	21
マイタイ・カタマラン	クルーズ	ワイキキ	20
マイリ・ピルボックス（ピンク・ピルボックス）	トレッキング	ワイアナエ	74
マカプウ・トレイル	トレッキング	マカプウ	73
マジェスティック・バイ・アトランティス・クルーズ	ホエールウォッチ	ダウンタウン	77
ラウハラ編み（ロイヤル・ハワイアン・センター）	手作り体験	ワイキキ	45
レイメイキング（ロイヤル・ハワイアン・センター）	手作り体験	ワイキキ	45
ワイキキ名門カメ大学	ウミガメウォッチ	ケワロ湾	77
見どころ	**ジャンル**	**エリア**	
イオラニ宮殿	博物館	ダウンタウン	30
カイマナ・ビーチ	ビーチ	ワイキキ	23
カヴェヘヴェヘ	パワースポット	ワイキキ	22
カピオラニ公園	公園	ワイキキ	23
カフク・ファームズ	農園ツアー・カフェ	カフク	78
カラニアナオレ・ビーチ・パーク	ビーチ	ナナクリ	75
ココ・クレーター植物園	植物園	ハワイ・カイ	70
ザ・バス	移動手段	オアフ島全土	80
ダイヤモンド・ヘッド	トレッキング	ワイキキ	27
タンタラスの丘	夜景	タンタラス	73
デューク・カハナモク像	観光スポット	ワイキキ	23
ドール プランテーション	テーマパーク	ノースショア	81
ハナウマ湾	観光スポット	ハワイ・カイ	82
ベローズ・フィールド・ビーチ	ビーチ	ワイマナロ	72
ホノルル動物園	動物園	ワイキキ	23
ホノルル・ミュージアム・オブ・アート	美術館	マキキ	24
ポリネシア・カルチャー・センター	テーマパーク	ライエ	81
マーメイド・ケイヴ	観光スポット	ナナクリ	75
マノア滝	観光スポット	マノア	70
モアナルア・ガーデン	観光スポット	モアナルア	71
ラニカイ・ビーチ	ビーチ	カイルア	83・84
ワイキキ・ビーチ沿いの遊歩道	ビーチ	ワイキキ	26
グルメ	**ジャンル**	**エリア**	
アーヴォ（サーフジャック店）	カフェ	ワイキキ	65
アーヴォ（ソルト店）	カフェ	カカアコ	50
アイランド・ヴィンテージ・コーヒー	ダイニングカフェ	ワイキキ	51
アイランド・ヴィンテージ・ワインバー	ダイニングバー	ワイキキ	62
アイランド・ブリュー・コーヒーハウス	カフェ	アラモアナ	57
アロハ・カフェ・パイナップル・ハワイ	カフェ	モンサラット	25
イスタンブール・ハワイ	地中海料理	ワード	61
ヴィア・ジェラート	ジェラート	カイムキ	51
ウミ・バイ・ヴィクラムガーグ	パシフィック・リム	ワイキキ	60
オーキッズ	イタリア料理	ワイキキ	48

オフ・ザ・フック・ポケ・マーケット	ポケボウル	マノア	93
カフェ・ジュリア	ブランチ・レストラン	ダウンタウン	59
カメハメハ・ベーカリー	マラサダ	カリヒ	53
クイーンズブレイク	レストラン	ワイキキ	50
グーフィー・カフ+&ダイン	レストラン	ワイキキ	50
コナ・コーヒー・パーベイヤーズ／ビー・パティスリー	カフェ	ワイキキ	57
サーフ ラナイ	ブランチ・レストラン	ワイキキ	49
ザ・ベランダ	ブランチ・レストラン	ワイキキ	49
シナモンズ	ブランチ・レストラン	カイルア	93
ジョバンニ・シュリンプ・トラック・ハレイワ	ガーリック・シュリンプ	ハレイワ	87
スカイ・ワイキキ	ダイニングバー	ワイキキ	59
ナル・ヘルス・バー&カフェ	カフェ	カイルア	85
ニッショードー・キャンディ・ストア	和菓子	イウィレイ	52
ノエ	南イタリア料理	コオリナ	89
ハイドアウト	ダイニングバー	ワイキキ	63
ハウス ウィズアウト ア キー	ダイニングバー	ワイキキ	58
ハウ・ツリー	パシフィック・リム	ワイキキ	58
バサルト	レストラン	ワイキキ	49
バナン	フローズンデザート	ワイキキ	51
ハレイワ・ボウルズ	アサイボウル・スムージー	ハレイワ	87
ハワイアン・アロマ・カフェ	カフェ	ワイキキ	22
ビッグ・ウェーブ・シュリンプ	ガーリック・シュリンプ	ハレイワ	93
ブーツ&キモズ・ホームスタイル・キッチン	ブランチ・レストラン	カイルア	85
フラ・グリル・ワイキキ	レストラン	ワイキキ	48
プルメリア・ビーチハウス	ブランチ・レストラン	ワイキキ	48
ホノルル・コーヒー・エクスペリエンス・センター	カフェ	マッカリー	56
ホノルル・ビアワークス	ブリューパブ	カカアコ	28
マイタイ バー	ダイニングバー	ワイキキ	63
マウイ・マイクス	フリフリチキン	カイルア	93
マカヒキ	ビュッフェ	コオリナ	88
マツモト・シェイヴ・アイス	スイーツ	ハレイワ	87
マリポサ	パシフィック・リム	アラモアナ	41
モエナ・カフェ	ブランチ・レストラン	ハワイ・カイ	93
モーニング・グラス・コーヒー+カフェ	カフェ	マノア	71
モーニング・ブリュー・カカアコ	カフェ	カカアコ	29
モケズ・ブレッド&ブレックファスト	カフェ	カイムキ	25
ヨーグル・ストーリー	ブランチ・レストラン	アラモアナ	49
ラナイ@アラモアナセンター	フードコート	アラモアナ	41
リリハ・ベーカリー	スイーツ・ベーカリー	リリハ	52
ルシェロ	イタリア料理	アラモアナ	41
レッドフィッシュ・ワイキキ	ダイニングバー	ワイキキ	61
レナーズ・ベーカリー	マラサダ	カイムキ	25・53
ロンギーズ・コオリナ	レストラン	コオリナ	89
ワイオラ・シェイヴ・アイス	スイーツ	カイムキ	53
ワイオリ・キッチン&ベイク・ショップ	カフェ	マノア	71
ショップ	**ジャンル**	**エリア**	
アイランド・ソープ&キャンドル・ワークス	ソープ・キャンドル	ダウンタウン	47
アット・ドーン・オアフ	セレクトショップ	ワード	35
アラモアナセンター	ショッピングセンター	アラモアナ	38
アンソロポロジー	セレクトショップ	アラモアナ	39
インターナショナル マーケットプレイス	ショッピングセンター	ワイキキ	23
ヴィクトリアズ・シークレット	下着・コスメ	アラモアナ	41
エンジェルズ・バイ・ザ・シー・ハワイ	ローカルブランド	ワイキキ	35
オリーブ&オリバー	セレクトショップ	カイルア	33
カイルア・タウン・ファーマーズ・マーケット	青空マーケット	カイルア	55
カカアコ・ファーマーズ・マーケット	青空マーケット	カカアコ	29・55
カハラモール	ショッピングセンター	カハラ	82
カポレイ・コモンズ	ショッピングセンター	カポレイ	90
カ・マカナ・アリイ	ショッピングセンター	カポレイ	90
KCCサタデー・ファーマーズ・マーケット	青空マーケット	ダイヤモンド・ヘッド	54
KCCチューズデー・ナイト・マーケット	青空マーケット	ダイヤモンド・ヘッド	55
コホ	チョコレート専門店	ワイキキ	43
サーフン・シー	サーフショップ	ハレイワ	86

サウス・ショア・ペーパリー	雑貨	カバフル	33
サン・ロレンゾ・ビキニ	水着	アラモアナ	41
ジャナ・ラム	ローカルブランド	カカアコ	32
シュガーケイン	雑貨	カイムキ	43
シュガー・シュガー・ハワイ	雑貨	アラモアナ	39
ジリア	ローカルブランド	カイルア	85
セフォラ	コスメ	アラモアナ	40
ソーハ・リビング	雑貨・インテリア	カハラ	47
ソルト	ショッピングセンター	カカアコ	29
ターゲット アラモアナ店	スーパー	アラモアナ	37
ターコイズ	セレクトショップ	ワイキキ	34
ダウントゥアース	スーパー	カカアコ	37・47・94
DFSワイキキ	ショッピングセンター	ワイキキ	66
ノホ・ホーム	ローカルブランド	アラモアナ	39
ハウス・オブ・マナアップ	雑貨	ワイキキ	46・94
バス&ボディ・ワークス	スキンケア	アラモアナ	40
パタゴニア	アウトドアギア	ワード	94
パタゴニア ハレイワ店	アウトドアギア	ハレイワ	86・94
ビッグアイランド・キャンディーズ	クッキー	アラモアナ	40
ホールフーズ・マーケット クイーン	スーパー	ワード	36・94
ホノルル・ファーマーズ・マーケット	青空マーケット	ワード	55
マヒナ	ローカルブランド	ワイキキ	34
マリエ・オーガニクス	コスメ	ワイキキ	46
ムーミン・ショップ・ハワイ	雑貨	アラモアナ	39
モニ	雑貨	ワイキキ	43
モリ・バイ・アート+フリー	雑貨	ワード	33
ラニカイ・バス&ボディ	スキンケア	カイルア	84
ルピシア	茶	アラモアナ	40
レイナイア	ジュエリー	カイルア	85
レッド・パイナップル	雑貨	カイムキ	43
ロイヤル・ハワイアン・センター	ショッピングセンター	ワイキキ	22・26・45
ロノハナ・エステート・チョコレート	チョコレート専門店	カカアコ	29
ワイキキ・ファーマーズ・マーケット	青空マーケット	ワイキキ	55
ワイキキ・マーケット	スーパー	ワイキキ	43・94

ホテル		エリア	
アウラニ・ディズニー・リゾート&スパ コオリナ・ハワイ	ホテル	コオリナ	88
ザ・サーフジャック・ホテル&スイム・クラブ	ホテル	ワイキキ	65
ザ・レイロウ・ワイキキ・オートグラフ・コレクション	ホテル	ワイキキ	64
モアナ サーフライダー ウェスティン リゾート&スパ	ホテル	ワイキキ	23
ロイヤル ハワイアン ラグジュアリー コレクション リゾート	ホテル	ワイキキ	22

マウイ島

アクティビティ	ジャンル	エリア	
ハレアカラ・サンセット&スターゲージング・ツアー	トレッキングツアー	ハレアカラ	98
モロキニ・シュノーケリング・ツアー ベスト・マウイ・シュノーケリング	シュノーケリングツアー	マアラエア	99
見どころ	ジャンル	エリア	
アリイ・クラ・ラベンダー	農園・ショップ	クラ	100
オオ・ファーム	農園・ランチ	クラ	100
ハレアカラ国立公園	観光スポット	ハレアカラ	98
モロキニ島	観光スポット	モロキニ	99
グルメ	ジャンル	エリア	
カフェ・デ・ザミ	カフェ	バイア	104
キヘイ・カフェ	カフェ	キヘイ	102
クアウ・ストア	ローカルフード	バイア	102
タサカ・グリグリ	スイーツ	カフルイ	103
バイア・ジェラート	ジェラート	バイア	104
バイア・フィッシュ・マーケット	シーフード	バイア	102
バイア・ベイ・コーヒー&バー	カフェ	バイア	104
ワイコモ・シェイヴ・アイス	スイーツ	バイア	103
ショップ	ジャンル	エリア	
ウィングス・ハワイ	ヴィンテージ・ジュエリー	バイア	105

コモダ・ストア&ベーカリー	スイーツ	マカワオ	103
ビアサ・ローズ	セレクトショップ	パイア	105
マウイ・スワップミート	青空マーケット	カフルイ	101
マナフーズ	スーパー	パイア	101
ホテル		**エリア**	
グランド・ワイレア・ア・ウォルドーフ・アストリア・リゾート	ホテル	ワイレア	119

ハワイ島

アクティビティ	ジャンル	エリア	
世界遺産キラウエア火山とマウナケア山麓星ツアー	トレッキングツアー	キラウエア	107
マウナケア山頂 夕陽と星ツアー	トレッキングツアー	マウナケア	106
見どころ	**ジャンル**	**エリア**	
ハワイ火山国立公園	国立公園	キラウエア	107
ホノカア・ピープルズ・シアター	観光スポット	ホノカア	112
マウナケア	観光スポット	マウナケア	106
村松小農園	農園・カフェ	ホルアロア	109
UCCハワイ	農園・焙煎体験	ホルアロア	109
グルメ	**ジャンル**	**エリア**	
ヴァイブ	カフェ	ヒロ	110
カフェ・イル・モンド	イタリア料理	ホノカア	113
カフェ100	カフェ	ヒロ	110
ザ・コーヒー・シャック	カフェ	キャプテン・クック	108
テックス・ドライブ・イン	ローカルフード	ホノカア	113
トゥー・レディース・キッチン	スイーツ	ヒロ	111
ラバ・ラバ・ビーチ・クラブ	レストラン	ワイコロア	108
ショップ	**ジャンル**	**エリア**	
ハナホウ	セレクトショップ	ヒロ	111
ビッグアイランド・キャンディーズ	クッキー	ヒロ	111
ホノカア・チョコレート・カンパニー	チョコレート専門店	ホノカア	112
ホテル		**エリア**	
グランド・ナニロア・ホテル・ヒロ・ダブルツリー byヒルトン	ホテル	ヒロ	119
ワイコロア・ビーチ・マリオット・リゾート&スパ	ホテル	サウス・コハラ	118

カウアイ島

アクティビティ	ジャンル	エリア	
カウアイ島探索ツアー	観光スポット	ワイルアほか	116
ナ・パリ・コースト・ラフトツアー	ラフトツアー	ナ・パリ・コースト	114
ワイメア&カララウ2大渓谷ツアー	トレッキングツアー	ワイメア	115
見どころ	**ジャンル**	**エリア**	
アラートン・ガーデン	観光スポット	コロア	117
シダの洞窟	観光スポット	ワイルア	116
ナ・パリ・コースト	観光スポット	ナ・パリ・コースト	114
ハナペペ	観光スポット	ハナペペ	117
ハナレイ湾	観光スポット	ハナレイ	117
ヒンドゥー寺院	寺院	ワイルア	116
ワイメア渓谷州立公園／コケエ州立公園	州立公園	ワイメア	115
ワイルア滝	観光スポット	ワイルア	116

ことりっぷ co-Trip 海外版

ハワイ
オアフ島・マウイ島・ハワイ島

STAFF
●編集
ことりっぷ編集部
編集屋チョーク
●取材・執筆
編集屋チョーク
アーク・コミュニケーションズ
●撮影
野中弥真人、編集屋チョーク、
Kayoko Hoshi、HIKARU、石川結雨子、
桐生真、アーク・コミュニケーションズ
●表紙デザイン
GRiD
●フォーマットデザイン
GRiD
●キャラクターイラスト
スズキトモコ
●本文デザイン
しろいろ
●イラスト
沢田妙
●地図制作協力
五十嵐重寛、露木奈穂子
●校正
山下さをり、三和オー・エフ・イー、
昭文社クリエイティブ
●DTP制作
明昌堂
●現地コーディネート
高田あや、Media Etc.
●取材・写真協力
Shutterstock、PIXTA、
取材協力先のみなさん

2024年6月1日 2版1刷発行

発行人 川村哲也
発行所 昭文社
本社：〒102-8238　東京都千代田区麹町3-1
☎0570-002060（ナビダイヤル）
IP電話などをご利用の場合は☎03-3556-8132
※平日9:00〜17:00（年末年始、弊社休業日を除く）
ホームページ https://sp-mapple.jp/

※掲載のデータは2024年1〜4月現在のものです。
変更される場合がありますので、ご利用の際は事前
にご確認ください。
※本書で掲載された内容により生じたトラブルや損
害等については、弊社では補償しかねますので、あら
かじめご了承のうえ、ご利用ください。なお、感染症
に対する各施設の対応・対策により、営業日や営
業時間、開業予定日、公共交通機関に変更が生じる
可能性があります。おでかけになる際は、あらかじめ
各イベントや施設の公式ホームページなどで最新
の情報をご確認ください。
※本書掲載の商品の価格は変更になる場合があり
ます。また、売り切れる場合もありますので、ご了承く
ださい。
※乱丁・落丁本はお取替えいたします。